D1693416

Ulrich Ackermann
Wally und Horst Hagen

TANSANIA

*Weite Savannen,
Wiege der Menschheit*

UMSCHAU:

Mein ganz besonderer Dank gilt: Mrs. Fatma Chandani von Discover Kenia Safaris Ltd., für ihre Unterstützung bei der Organisation meiner Reise durch das südliche Tansania

Mr. Hamisi Nbonde von Discover Tanzania Safaris Ltd., ohne dessen Mitarbeit als sehr guter und zuverlässiger Fahrer und Kenner des Landes ich den Bildband nicht hätte realisieren können

Mr. Danny Kanyetta von Discover Tanzania Safaris Ltd., für die Betreuung in Dar-es-Salaam

Mr. Hassan abu Meir für seine Mitarbeit als zuverlässiger Fahrer und sehr guter Führer auf der Insel Sansibar

Den Camp-Managern des Selous-Reservates, des Rufiji River Camp und des Ruaha-Nationalparks

Ulrich Ackermann

Die Deutsche Bibliothek – CIP Einheitsaufnahme
Tansania: weite Savannen, Wiege der Menschheit / Ulrich Ackermann; Wally und Horst Hagen. – Frankfurt am Main:
ISBN 3-524-67057-1
NE: Ackermann, Ulrich; Hagen, Wally; Hagen, Horst

© 1994 Umschau Buchverlag Breidenstein GmbH
Alle Rechte der Verbreitung in deutscher Sprache, auch durch Film, Funk, Fernsehen, fotomechanische Wiedergabe, Tonträger jeder Art, auszugsweisen Nachdruck oder Einspeicherung und Rückgewinnung in Datenverarbeitungsanlagen aller Art, sind vorbehalten.

Lektorat:	Elisabeth Neu, Assistenz: Claudia Jürgens
Typographie und Herstellung:	Hans-Heinrich Ruta, Stuttgart
Umschlaggestaltung:	Christa Kochinke, Köln
Karte:	Christoph Roether, Mainz
Umschlaglithographie:	Industriedienst Reproduktion, Wiesbaden
Satz:	Fotosatz Otto Gutfreund GmbH, Darmstadt
Lithographie:	Brönners Druckerei Breidenstein GmbH, Frankfurt am Main
Buchbinderische Verarbeitung:	Fikentscher Großbuchbinderei GmbH, Darmstadt

Printed in Germany, 1994

ISBN 3-524-67057-1

Inhalt

Tansania – ein Land mit vielen Gesichtern   **7**

23   Küste als Tor nach Übersee

Die Perle des Sultans – Besuch auf Sansibar   **33**

45   Weites Land – Nyika und Miombo

Die Macht der Lava – das Kraterhochland   **73**

91   Geborstene Erdkruste – der Ostafrikanische Graben

Gletscher und Bergwald über der Savanne – am Kilimanjaro   **107**

119   Riesiger See und endlose Gras-Savannen

■ In weiten Bereichen ist Tansania ein trockenes, rauhes Land. Große Flächen sind mit laubabwerfenden Bäumen bestanden. In der Nähe von Wasservorkommen – wie hier am Ruahafluß im Süden des Landes – wachsen auch Bäume, die das ganze Jahr über grün bleiben.
Vielfach erheben sich aus flachen eintönigen Ebenen Berge, die aus der Ferne sanft anzusteigen scheinen, aus der Nähe aber ihre wirkliche, oft schroffe Höhe zeigen. Zum Zeitpunkt des Sonnenaufgangs herrscht schon reges Leben in der Savanne.

Tansania –
ein Land mit vielen Gesichtern

Seine erhabene Schönheit mit einer atemberaubenden Mannigfaltigkeit von Landschaftsformen, einer vielgestaltigen Pflanzenwelt und einem Reichtum an Tieren verdankt Tansania seinem geologischen Aufbau und seiner äquatorialen Lage im tropischen Afrika.

Kontrapunktisch stehen nebeneinander riesig-weite Grasflächen und schroffe Felsen, glühendheiße Ebenen und gletscherüberzogene Gipfel, trockene Dornbuschgebiete und morastige Sümpfe. Am Rande endloser Sandstrände am brandenden Ozean gleißt heiße Sonne, und in kühlen Bergwäldern sowie im stillen Regenwald herrscht Dämmerlicht.

Lebensfeindliche Regionen stoßen an Gebiete mit schier unerschöpflicher Fruchtbarkeit. Mehr als 75 Prozent des Landes sind so trocken, daß dort keine einträgliche Landwirtschaft betrieben werden kann. Das Nebeneinander der Landschaftsformen, die Unterschiedlichkeit der Pflanzenarten und der Tierwelt mögen den Besucher zunächst erstaunen und verwirren, werden aber verständlich, wenn man die Besonderheiten der geographischen Großräume und den Einfluß des Wetters berücksichtigt.

Der *Afrikanische Graben* ist der großgeographische Raum, der Tansania das stärkste Gepräge gegeben hat. Das Rift Valley verdankt seine Entstehung der Kontinentaldrift und dem Vulkanismus. Wir müssen hundert Millionen Jahre zurückdenken, um das Grabensystem in seiner Entstehung und Bedeutung zu begreifen. Damals begann der Gondwanaland genannte Südkontinent zu zerbersten. Riesige Blöcke drifteten auseinander um den Erdball und ließen die amerikanischen Kontinente, Australien, den Indischen Subkontinent und Eurasien entstehen. Der Prozeß ist immer noch nicht abgeschlossen, Jahr für Jahr ändert sich meßbar die Entfernung der durch Ozeane voneinander getrennten Kontinente. Als die Blöcke auseinandertrieben, traten gewaltige Spannungen auf. Es kam zu Spaltenbildungen und Auffaltungen, die in der Erdkruste Ostafrikas riesige Seen entstehen ließen, die sich dann auf ihre heutigen Ausdehnungen verkleinerten. Seit rund zwanzig Millionen Jahren gestaltete der Vulkanismus die grobe Urform des heutigen Ostafrikanischen Grabens als Teilstück jenes großen Risses in der Erdoberfläche, der über siebentausend Kilometer vom Jordanfluß über das Rote Meer bis in den Süden Mosambiks reicht. Die Breite des Grabens schwankt zwischen siebzig und dreihundert Kilometern, die Grabensohle ist zwischen vierhundert und zweitausend Metern tief in das Plateau eingeschnitten. Erst in den letzten drei bis vier Millionen Jahren haben vulkanische Kräfte das heutige Bild des Grabens und seiner Umgebung geprägt. Zur selben Zeit brachte die Entwicklungsgeschichte die unmittelbaren Vorfahren des heutigen Menschen hervor.

Die großen Seen auf dem Boden des Ostafrikanischen Grabens – Natronsee, Manyarasee und Eyasisee – enthalten mehr oder weniger stark alkalisches Wasser. Der Tanganyikasee, der über eine lange Strecke die Westgrenze Tansanias darstellt, und der Rukwasee im Südwesten Tansanias liegen auf der Sohle des aus Uganda kommenden Zentralafrikanischen Grabens. Am Malawisee vereinigen sich Zentral- und Ostafrikanischer Graben wieder, die sich in Äthiopien voneinander trennten. Vom südlichsten Abschnitt des Zentralafrikanischen Grabens, dem Ruaha-Rukwa-Rift im Osten und dem Tanganyikasee im Westen, ist das 2000 Meter hohe Ufipaplateau als sogenannte Horstbildung gewissermaßen in die Zange genommen und hochgepreßt worden. Ähnliche Horste sind östlich des Ostafrikanischen Grabens das Uluguruplateau, die Berge von Mahengi sowie weiter im Norden die Pare- und Usambaraberge.

Der grabenartige Charakter mit steilen Hängen wie etwa in der Gegend des Manyarasees ist weiter im Süden weniger ausgeprägt. Die Bruchkanten des Ostafrikanischen Grabens sind streckenweise durch Verwitterungen abgeflacht oder teilweise von vornherein als Hänge vom Hochland zur Grabensohle hin entstanden.

Ein ganz anderes Gesicht hat die Landschaft in jenem Teil Tansanias, der vom *Viktoriasee*, seinen Ufern und den *Gras-Savannen* gestaltet wird. Als zweitgrößter Süßwassersee der Erde, mit einer Fläche von 75 000 Quadratkilometern so groß wie die Beneluxstaaten, prägt sein Umland einen großen Teil der tansanischen Landschaft. Seine maximale Tiefe beträgt nur achtzig Meter. Der einzige Ausfluß des Viktoriasees ist der Nil. Ursprünglich hatte der Viktoriasee wahrscheinlich einen Abfluß nach Westen zum Eduardsee-Becken im Zentralafrikanischen Graben. Durch Bodenerhebungen vor 25 000 bis 35 000 Jahren wurde dieser Abfluß blockiert, und der See konnte sich nur noch über den Viktoria-Nil entwässern, der bei Jinja in Uganda

Unmittelbar von der Ngorongoro Wildlife Lodge hat man einen großartigen Blick über den gesamten Ngorongorokrater. Mit dem Fernglas kann man etliche der hier lebenden 25 000 Großtiere aus dem eigenen Zimmerfenster erkennen.

seinen Anfang nimmt. Damals war der Wasserspiegel des Viktoriasees mehr als dreißig Meter höher als heute und bedeckte weite Teile mittlerweile besiedelter Gebiete.

Die Distrikte von Mwanza und Mara, die unmittelbar an den See grenzen, aber auch noch der nördliche Bereich des Shinyanga genannten Distrikts gehören zu den fruchtbarsten Gegenden Afrikas. Das Viktoriaseegebiet wird von den beiden Armen des Afrikanischen Grabensystems eingefaßt. Böden aus sehr alten vulkanischen und Sedimentgesteinen und Regenfälle bis zu tausend Millimetern im Jahr bei langer Sonneneinstrahlung sind Ursachen der Fruchtbarkeit. Sie schafft ideale Bedingungen für die Tierwelt und den traditionellen Ackerbau. Besonders dicht bevölkert sind die Uferregionen des Viktoriasees. Ein beträchtlicher Teil dieses geographischen Großraums ist mit ausgedehnten Gras-, aber auch Buschsavannen bedeckt. Das ist einer der Gründe für den Tierreichtum. Hier liegt der weltberühmte *Serengeti-Nationalpark*, der mit seinem Westzipfel fast den Viktoriasee berührt.

Das *Tansania-Hochland-Plateau*, auch *Zentralplateau* genannt, mit einer Höhe von durchschnittlich 1100 Metern über dem Meeresspiegel schließt im Süden an das Viktoriaseegebiet an. Es liegt zwischen dem Ostafrikanischen und dem Zentralafrikanischen Graben, dessen östlicher Rand über weite Strecken vom Ostufer des Tanganyikasees gebildet wird. Südlich des Hochland-Plateaus vereinigen sich die beiden Grabenäste wieder. Inmitten dieses Hochlandes ist das Land flach und die Landschaft eintönig karg. Im an den Tanganyikasee grenzenden Distrikt Rukwa bestimmen Berge und Sümpfe das Land. Hier liegen auch die größten Waldschutzgebiete Tansanias, über die sorgfältig gewacht wird, weil sie als Wasserreservoir wichtig sind. Das Zentrum des Hochland-Plateaus in Tansania ist wenig erschlossen. Hier befinden sich die Distrikte Shinyanga im Norden, im Zentrum Tabora und Singida und die westlichen Abschnitte der an den Tanganyikasee grenzenden Distrikte Kigoma und Rukwa.

Weißstirnspinte sind weit verbreitet in Tansania. Als Koloniebrüter graben sie an offenen Steilwänden tiefe Gänge, an deren blindem Ende die Nester liegen. Wenn Eier oder Jungvögel darin sind, herrscht dort reges Leben und Treiben.

Die **Küstenregion** hat völlig andere geographische Grundlagen als die vorher genannten Großräume. Am Ozean liegen die vier Distrikte Tanga, Coast, Lindi und ganz im Süden Mtwara. In einer Länge von über achthundert Kilometern grenzt Tansania an den Indischen Ozean. Ein Küstenstreifen von dreißig bis siebzig Kilometern landeinwärts ist geologisch viel jünger als die Gebiete im übrigen Tansania.

Der Wind weht überall immer auf den Äquator zu. Durch die Drehung der Erde und andere Faktoren kommt er in Tansania meist aus südöstlicher Richtung. Aber es gibt viele jahreszeitliche Abweichungen. Durch die starke Sonneneinstrahlung erwärmt sich das Land stärker als das Wasser. Die Luft steigt hoch und saugt Luft in Gestalt von Winden vom Ozean, also in Ost-West-Richtung, an. Diese bringen Wolken mit, die sich an der Küste abregnen und so die Küstenregion sehr fruchtbar machen. Daher konnten hier ausgedehnte und dichte Küstenwälder entstehen. Die ständig wachsende Bevölkerung rodete die Wälder und begann Landwirtschaft zubetreiben. An der langen Küste sind jetzt nur noch Reste dieser einst bodenständigen Küstenwälder vorhanden.

Eine botanische Besonderheit der Küste stellt die Mangrove dar. Der Rufiji, einer von Tansanias mächtigen Strömen, mündet in einem verzweigten Delta von sechzig Kilometern Breite in den Indischen Ozean. Er bringt Sand und fruchtbare Erdpartikel mit, die sich in den Ozean ergießen. So entsteht dort ein Schwemmland, und die darauf wachsende Mangrove wird Schwemmland-Mangrove genannt. Mangrovepflanzen können sich auch auf Korallenriffen ansiedeln, man spricht dann von der Riff-Mangrove. Alle Pflanzen dort haben mit dem gleichen Problem zu kämpfen wie

Schwesternschülerinnen einer der vielen christlichen Missionen lernen auch die touristischen Einrichtungen kennen. Hier im Mikumi-Nationalpark gilt ihre Aufmerksamkeit jedoch weniger dem Swimmingpool als der Natur.

Mit diesem Wurfnetz arbeiten die Fischer an vielen Gewässern Tansanias. Es bedarf großer Geschicklichkeit, um das Netz voll entfaltet auf die Wasseroberfläche zu schleudern. Die Methode ist nicht sehr ergiebig und schont daher die Fischbestände.

die Schwemmland-Mangrove, nämlich mit dem sie umgebenden Salzwasser.

Das *Nyika-Plateau* liegt zwischen dem eben geschilderten Küstenstreifen und dem Grabenbruch. Die Bezeichnung stammt aus dem Suaheli und bedeutet: ödes, unwirtliches, buschbestandenes Land. Tatsächlich kennzeichnet der fast undurchdringliche, zum Teil aus dornigen Pflanzen bestehende Busch diese geographische Großregion. Der Boden ist meist sandig, das Gebiet ist trocken. Die Nyika ist von vielen kleinen Flüssen durchzogen, die aber nur während und unmittelbar nach der Regenzeit Wasser führen, also die meiste Zeit des Jahres trocken sind. Nach der Regenzeit blüht hier alles, und das Land ist für kurze Zeit üppig grün, bis es wieder in graugelbe Trockenheit versinkt. Zu Recht preist der Afrika-Kenner Leslie Brown die Nyika, da »ihre einsame Weltferne… das Gefühl tiefen Friedens gewährt«. Die Distrikte von Arusha und Morogoro sowie im Süden Ruvuma liegen in diesem Bereich. Der von Osten kommende Wind hat seine Wolken bereits in der Küstenregion abregnen lassen. Aus diesem Grund erhält das Nyika-Plateau nicht nur wenig Regen, es fehlen auch Wolken, die dem Land zumindest gelegentlich Schatten gäben. So der brennenden Sonne ausgesetzt, ist das Land äußerst trocken.

Die dadurch bedingte geringe Fruchtbarkeit hat nur wenig Menschen eingeladen, sich hier niederzulassen. Hinzu kommt, daß die hier wachsenden Büsche für die Tsetsefliege optimale Lebensbedingungen bieten. Diese wegen der Übertragung der Schlafkrankheit für den Menschen und der Naganaseuche für Rinder gefährlichen Insekten halten die Menschen zusätzlich ab, hier Ackerbau oder Viehzucht zu treiben. Wildtiere sind durch die harschen Lebensbedingungen weniger beeinträchtigt. Ihre Organismen können mit der Hitze fertig werden und mit dem wenigen Wasser auskommen. Auch die Tsetsefliegen können den Wildtieren nichts anhaben, denn diese erkranken durch den Stich nicht. Damit ist die Nyika für die Errichtung großer Wildschutzgebiete prädestiniert. So wurden hier das Selous-Nationalreservat, der Mikumi- und der Ruaha-Nationalpark und die Schutzgebiete um den Katavisee herum eingerichtet.

■ Tansanias geographischer Großraum des *Kraterhochlandes* verdankt seine Entstehung dem Vulkanismus. Es umfaßt außer dem berühmten Ngorongorokrater noch einige kleinere ehemalige Vulkane wie den Embakai-, den Embulbul- und den Olmotikrater. Zwischen diesen Bergen und Kratern liegen sanfte Schluchten und gelegentlich schroffe Abfälle. Die Gegend ist von einem Bergwald bestanden, der das für die Vegetationsform erforderliche Wasser aus den Niederschlägen erhält, die sich am Massiv des Kraterhochlandes abregnen. Auch häufige dichte, bis weit in den Vormittag hineinreichende nächtliche Nebel spielen eine wichtige Rolle in der Wasserversorgung vieler Pflanzen. Nach Westen hin fällt das Kraterhochland langsam zur Serengeti hin ab. Noch innerhalb des Ngorongorokrater-Schutzgebietes liegt die Olduvaischlucht, die im Maseksee und im Lagarjasee, auch Ndutusee genannt, den Serengeti-Nationalpark erreicht.

■ Die höchste Erhebung Tansanias, das *Kilimanjaromassiv*, ist ebenfalls durch vulkanische Kräfte entstanden. Gletscher werden landläufig als ewiges Eis bezeichnet, damit wird aber das Alter eines solchen Berges weit überschätzt. Tatsächlich ist der Kilimanjaro in seiner heutigen, so eindrucksvollen Form mit einem Alter von nur 750 000 Jahren einer der jüngsten Berge der Erde. Der zu dem Massiv gehörige Shirakrater ist mit rund 500 000 Jahren noch jünger. Der höchste Gipfel, der Kibo mit 5895 Metern, hat an seiner Spitze eine Caldera von zwei Kilometern Durchmesser. Innerhalb dieser Caldera befindet sich eine zweite, mit achthundert Metern viel kleinere Kraterbildung, die geologisch ebenfalls als Caldera angesehen werden muß. Der Mawenzi mit 5149 Metern ist ein stehengebliebener, harter, inzwischen zerklüfteter Lavapfropf, dessen umgebender Kegel aus weicherer Lava mittlerweile abgetragen ist.

Auch der Meruberg inmitten des Arusha-Nationalparks ist ein Ergebnis vulkanischer Aktivität. Der Gipfel mit 4565 Metern ist wiederum Kern eines inzwischen abgetragenen Vulkans. Aber es gibt an seinen Hängen richtige Krater, die als typische Flankeneruptionen entstanden sind. In der Nähe des Meruberges liegt eine weitere Caldera, der Ngurdotokrater. Der Berg Kilimanjaro liegt im Distrikt Kilimanjaro, der Meruberg liegt am Ostrand des Arushadistriktes.

■ Neben der geologischen Struktur der geographischen Großräume hat das Wetter einen ebenso wichtigen Anteil an der Vielgestaltigkeit Tansanias. Um die klimatische Situation des tropischen Afrika richtig zu verstehen, muß man sich zunächst von der in Europa gültigen Einteilung lösen. Die für unsere Breiten typischen vier Jahreszeiten entfallen. Das aktuelle Wettergeschehen ist auch nicht wie bei uns von Hoch- und Tiefdruckgebieten mit ständig wechselnden Winden bestimmt. Das Jahr wird in Ostafrika in Trocken- und Regenzeiten eingeteilt, und der Wind kommt als Monsun immer aus östlichen Richtungen. Er ändert seine Richtung im Jahresverlauf mit der Wanderung der Sonne vom nördlichen zum südlichen Wendekreis und wieder zurück. Als sogenannter Zenitalregen folgen die Niederschläge, ganz grob gesagt, immer dem Sonnenstand. Wo also die Sonne am Mittag gerade im Zenit steht, ist der Regen am stärksten. Zugleich wird die Luft dort, wo die Sonne am höchsten steht, am stärksten erwärmt. Sie steigt hoch und zieht damit die Winde nach. Das bedeutet natürlich, daß eine Regenzeit den Äquator im Abstand von genau sechs Monaten zweimal überquert. Dort gibt es deshalb zwei Regenzeiten. Nur einmal im Jahr steht die Sonne an den Wendekreisen, dort findet also nur eine Regenzeit statt. Im Bereich zwischen Wendekreis und Äquator ist der Abstand zwischen den Regenzeiten um so kürzer, je näher das jeweilige Gebiet dem Wendekreis ist. In Tansanias Süden haben wir daher nur eine Regenzeit von Dezember bis April, weil sich die Sonne in diesen Monaten auf dem Weg zum südlichen Wendekreis und bald darauf wieder auf dem Rückweg zum Äquator befindet. Im Norden Tansanias fällt die kleine Regenzeit in die Monate November/Dezember, die große findet im April/Mai statt. Von dieser Regel gibt es jedoch viele Ausnahmen: An der Luvseite hoher Berge – also dort, wo der Wind herkommt – kann es vermehrt Niederschläge geben, und in Lee eines Gebirges oder Berges – also im Windschatten – können die Regenmengen beträchtlich absinken. Es gibt auch Schwankungen des Großklimas, die eine ganze Regenzeit ausfallen oder besonders stark werden lassen können.

Mit der Höhe der Berge oder der Plateaus ist auch eine unterschiedliche Intensität der Sonneneinstrahlung verbunden. Das Klima ist also für das einzelne Jahr recht unberechenbar und nur im Durchschnitt vieler Jahre vorhersagbar. Das Wetter ist jedoch ganz sicher ein wichtiger Faktor, der die Vielgestaltigkeit von Tansanias Landschaften ähnlich entscheidend beeinflußt wie die geologischen Bedingungen, etwa Bodenbeschaffenheit und Höhenlage.

Die nur im männlichen Geschlecht gehörnten Schwarzfersenantilopen oder Impalas sind in der Lage, aus dem Stand bis zu acht Meter Weite und drei Meter Höhe Sprünge zu vollbringen.

Die hochragenden Borassuspalmen bilden über weite Strecken eine unverkennbare Silhouette an den Ufern des Rufiji im Selous-Reservat. Bei Sonnenuntergang spiegeln sich im langsam strömenden Fluß die oft schnell wechselnden Farben des Abendhimmels.

Wie alt Affenbrotbäume tatsächlich werden können, ist umstritten. Meist steht ein mächtiger Baum allein in der weiten Savanne. Im Tarangire-Nationalpark stehen die Baobabs allerdings so dicht zusammen, daß man fast von einem Wald sprechen könnte.

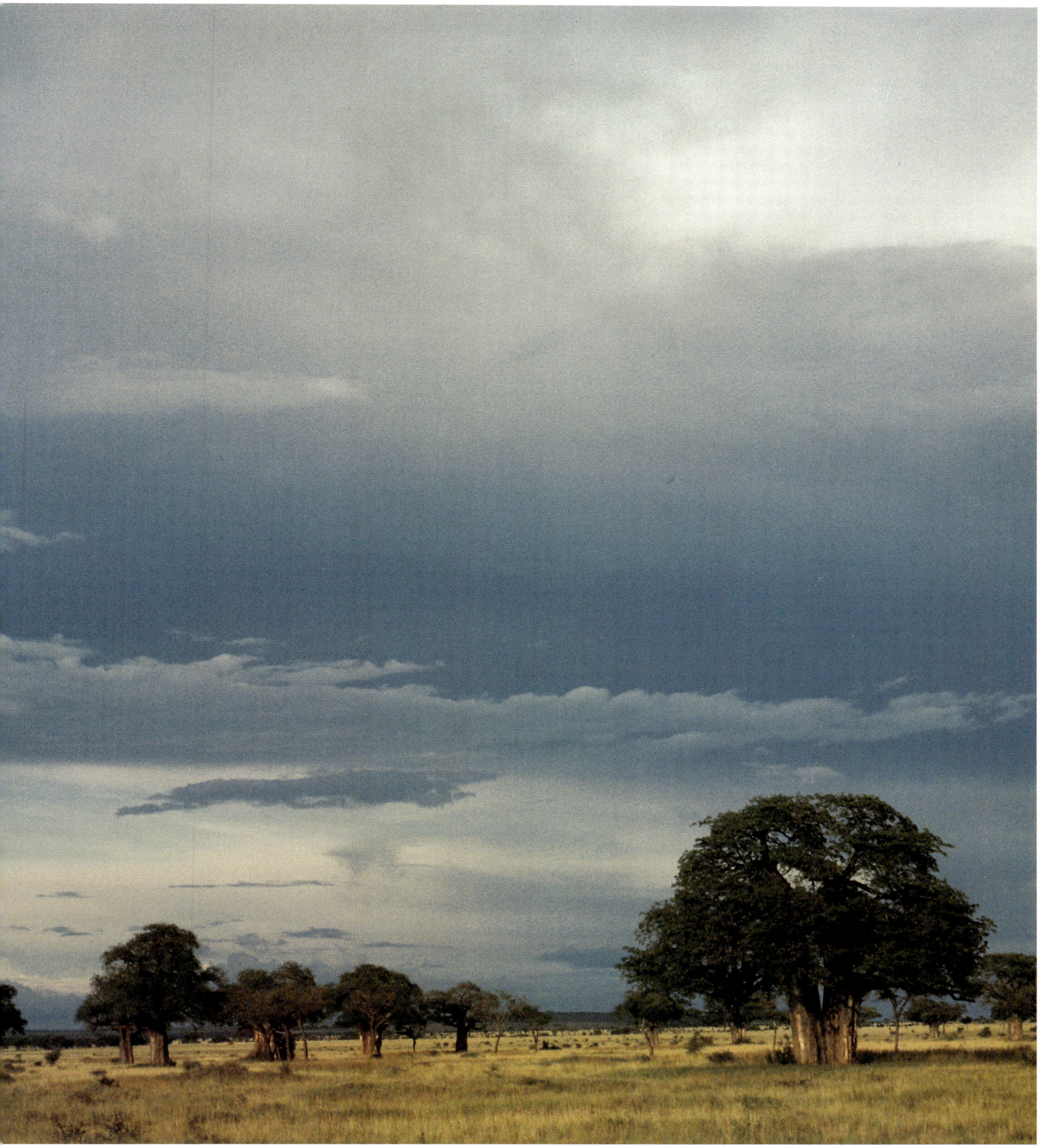

Die Fischerei – ein Haupterwerbszweig der Menschen am Viktoriasee – wird zunehmend technisiert. Vor 25 Jahren sahen wir noch Holzboote, die von Paddeln vorwärtsbewegt wurden, jetzt nehmen Außenbordmotoren und Kunststoffboote ständig zu. Schon droht die Überfischung.

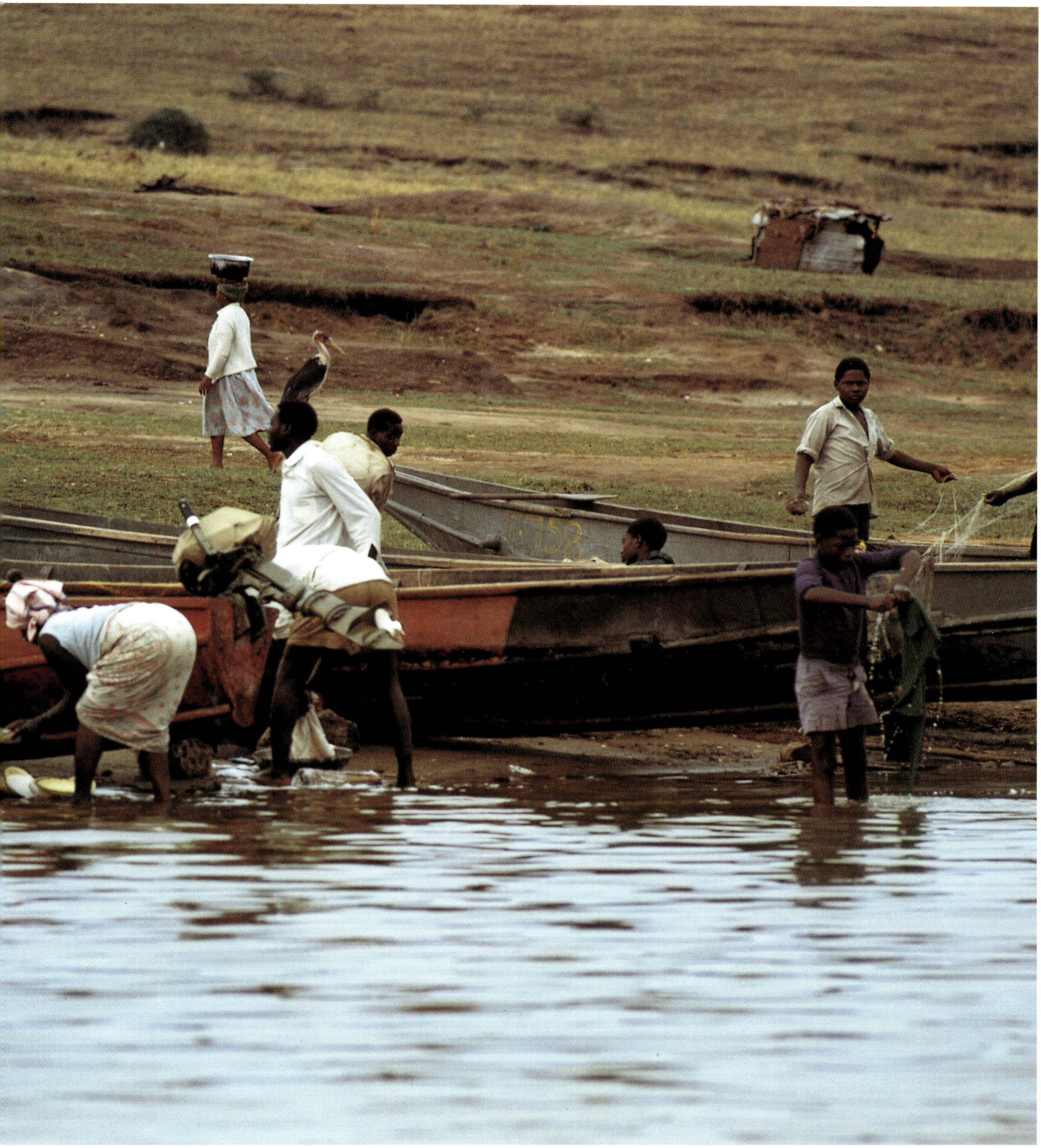

Bequemer Minibus oder klappriger Landrover, ist eine Frage, die man vor Antritt der Reise klären muß. Um manche schmale, dabei tiefe und reißende Flüßchen zu durchqueren, ist es z.B. erforderlich, ein vierradgetriebenes Fahrzeug zu benutzen.

Norwegische Ingenieure leisteten vor Jahren Vorarbeiten für einen Staudamm am Rufiji im Selous-Reservat, das Projekt wurde jedoch zum Glück für die Natur eingestellt. Heute wird das Beförderungsmittel der Konstrukteure zur Überquerung der Stieglers Gorge genannten Schlucht von Touristen benutzt.

In Bagamoyo ist ein Museumsdorf errichtet worden, in dem die verschiedenen Haustypen der Völker Tansanias in ihrer ursprünglichen, heute nur noch ganz vereinzelt anzutreffenden Form zu sehen sind. Runde Spitzhütten bauten die Nyamwezi und einige Stämme der Chagga.

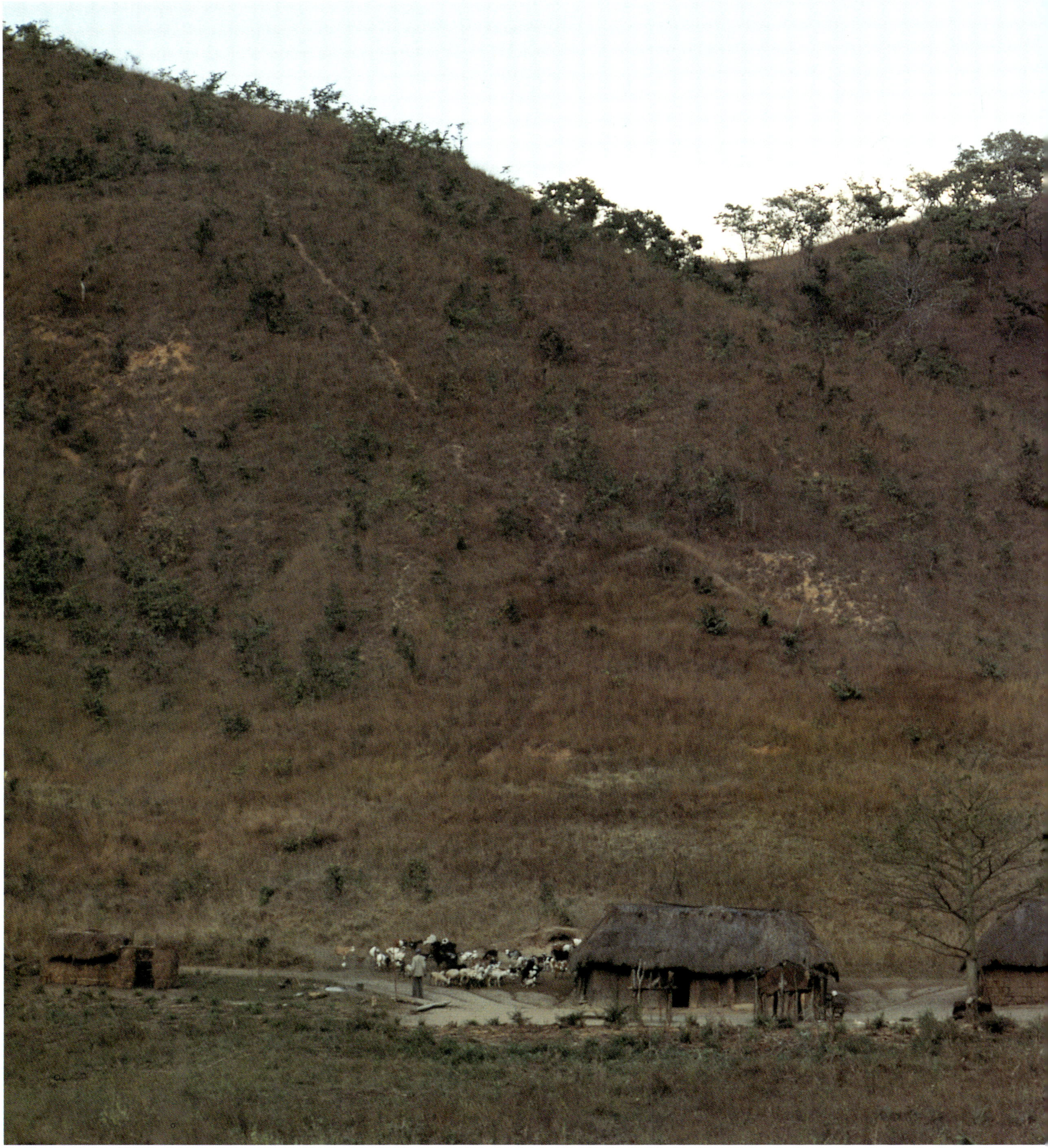

Die Gogo, deren Lebensraum im hügeligen trockenen Gebiet nördlich von Iringa liegt, bauen lange, rechtwinklige Häuser. Am Abend treiben sie ihre Ziegenherden hierher.

Flechten, Farne und andere Epiphyten, auch Orchideen, die auf den Ästen der Bäume im Bergwald wachsen, decken ihren Wasserbedarf nicht schmarotzend aus dem Baum, auf dem sie angesiedelt sind, sondern aus Nebel oder Regen.

Am Außenrand des Ngurdotokraters im Arusha-Nationalpark führen die Auffahrten zu den Aussichtspunkten durch dichten Regenwald. Hier beeindrucken die Vielfalt und Üppigkeit der Bäume, Büsche und Blumen.

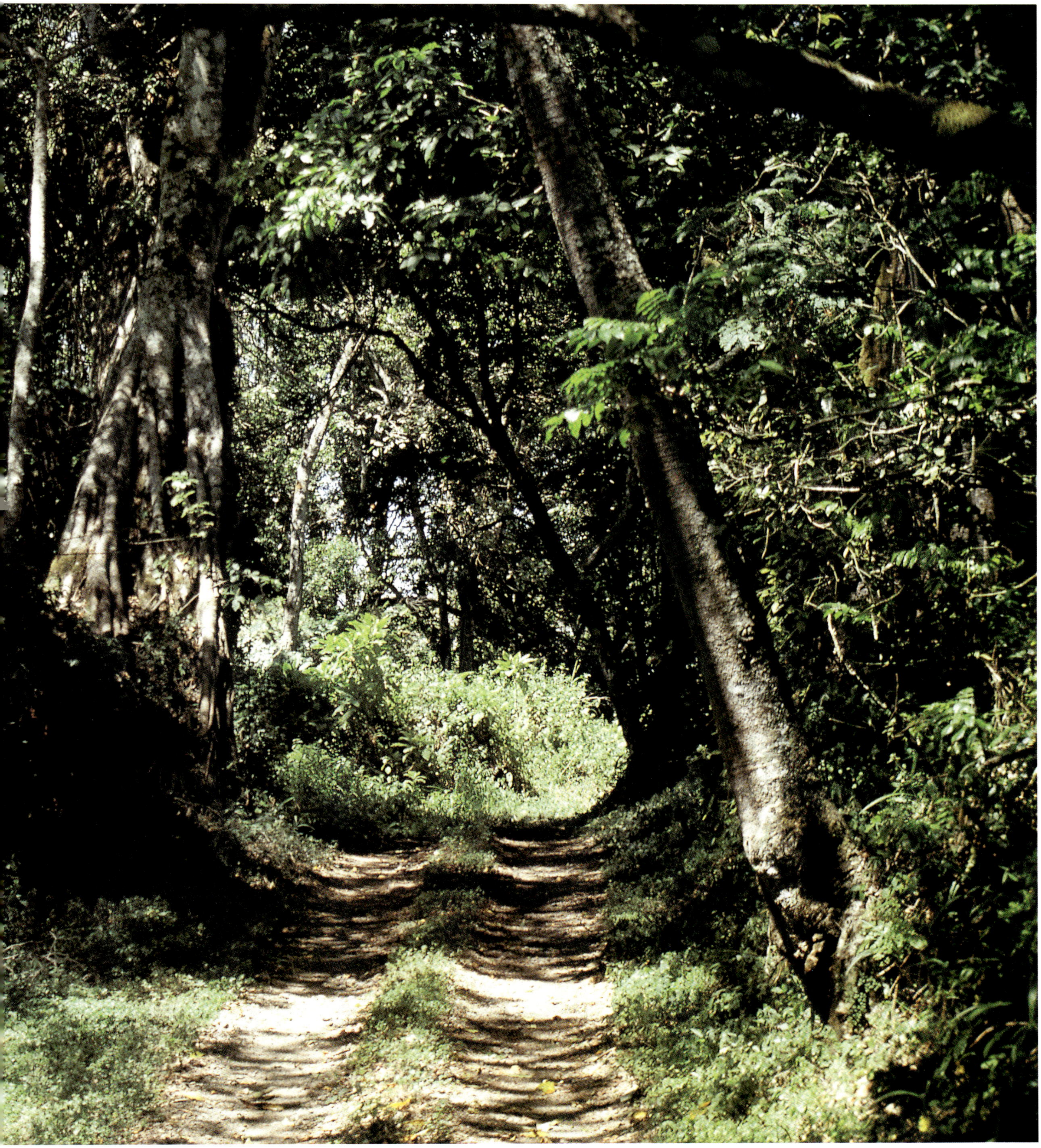

▬ Die mannigfaltigen Strukturen der ostafrikanischen Küste des Indischen Ozeans sind am besten aus der Vogelperspektive zu bewundern. Die Grenze zwischen Land und Wasser verlagert sich fast unaufhörlich im Rhythmus der Gezeiten. Was jetzt als freie Wattfläche erscheint, ist wenige Stunden später mit auflaufendem Wasser von den Wogen des Indischen Ozeans überflutet.

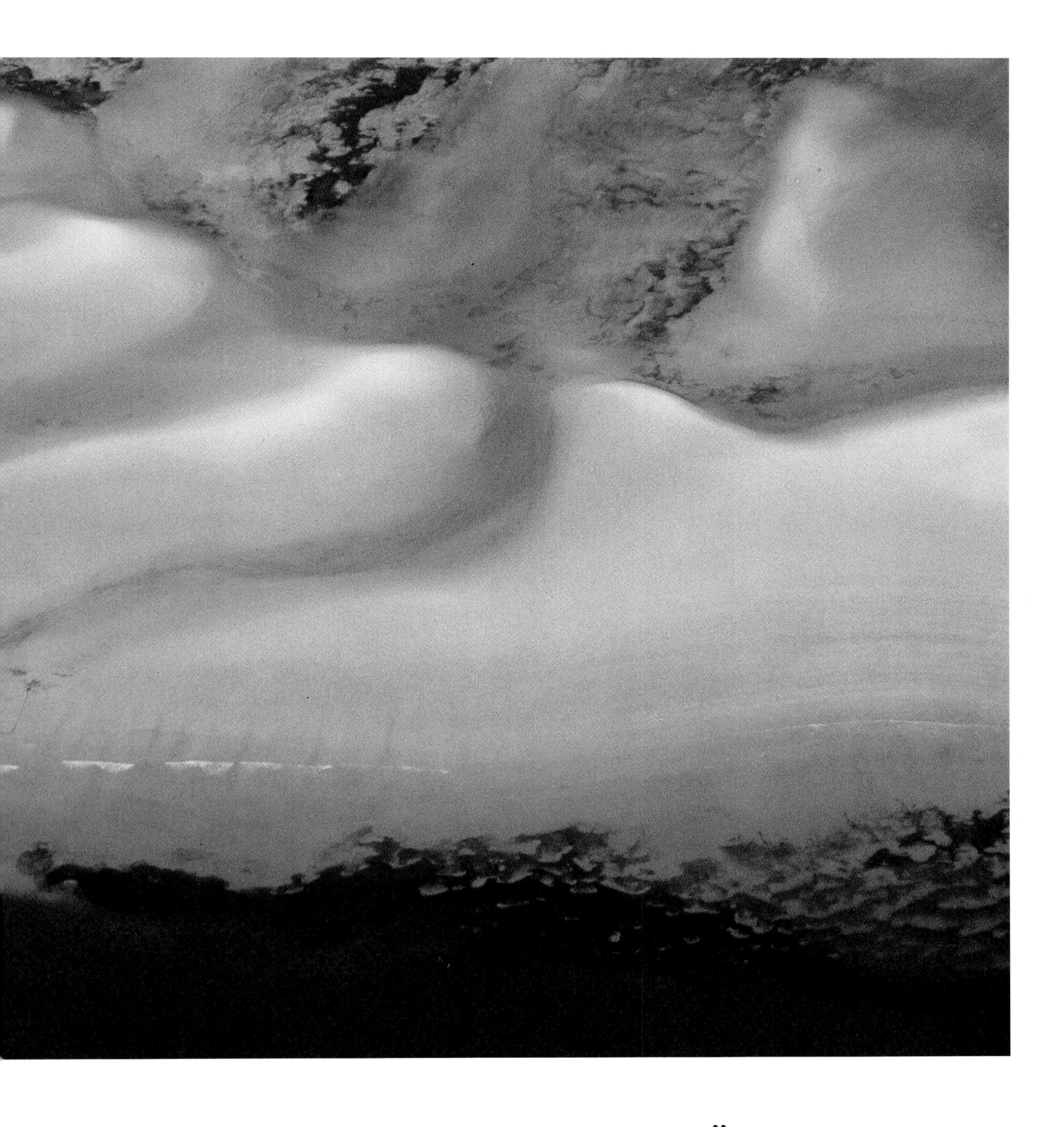

Küste als Tor nach Übersee

■ Die achthundert Kilometer lange Küste Tansanias am Indischen Ozean ist im Gegensatz zu der des nördlichen Nachbarlandes Kenia touristisch nur über ganz kurze Strecken erschlossen. Bei Tanga gibt es einige Hotels für einen Badeurlaub, allerdings ist der Strand hier nicht besonders schön. Nördlich von Dar-es-salaam liegen ein paar Küstenhotels, im übrigen ist Tansania trotz streckenweise herrlich weißen Sandstrandes nicht auf Badetourismus eingestellt. Die meisten Küstenorte sind schwer zu erreichen, es gibt keine am Ozean entlangführende Straße. Orte wie Kilwa, Lindi und Mtwara aufzusuchen, kommt einer Expedition gleich. Man muß für sich selbst wie auch für das Fahrzeug alles an Versorgungsgütern wie Getränke, Nahrungsmittel, Zelt, Schlafsäcke, Benzin und Wasser mitnehmen.

Dabei ist die Natur an der Küste ausgesprochen sehenswert. Bei Niedrigwasser fallen vor dem Strand streckenweise weit ins Meer reichende Flächen trocken. Sie lassen Lagunen und Wasserpfützen zurück, in denen man beim Umherwaten eine farbenprächtige Tierwelt mit Seetang, Seeanemonen, Seenelken, Quallen, Seegurken, Krebsen, Garnelen, Asseln und kleinen Fischen in unerwarteter Fülle vorfindet. Watvögel stochern nach Würmern oder Schnecken, knacken Muscheln und finden so allerlei Eßbares. Kleine Regenpfeifer, große Reiher, Möwen, Seeschwalben und Kormorane bevölkern die Küste.

Großartig ist die *Schwemmland-Mangrove*, die eine ganz besondere Vegetationsform darstellt. Sie besteht an Tansanias Küste aus wenigen Pflanzengattungen mit jeweils einer Art, die sich im Laufe der Entwicklungsgeschichte an die ungewöhnlichen Bedingungen ihres Standortes angepaßt haben. Etwa alle sechs Stunden kommt und geht die Flut. Bei Niedrigwasser stehen diese Pflanzen im Trockenen, bei Hochwasser sind sie vom Salzwasser überflutet. Ihre Wurzeln, Stämme und Blätter, ja sogar die Blüten werden überspült. Mit diesen Salzen müssen die Pflanzen fertig werden. Die einzelnen Pflanzengattungen haben das auf verschiedene Weise gelöst. Damit haben sie einen Lebensraum erobert, der ihnen von anderen Pflanzen nicht streitig gemacht werden kann. Die verschiedenen Gattungen der Mangrovebüsche haben dasselbe Problem: Sie müssen sich im Boden verankern, um den starken Meeresströmungen, Spring- und Sturmfluten sowie der massiven Brandung standzuhalten. Dazu haben sie verschiedene Formen von Luftwurzeln entwickelt, die parallel zur Oberfläche vom Stamm ausgehen, sich dann nach unten biegen und in den Boden bohren oder wellenförmig aus dem Stamm herauswachsen und teilweise unterirdisch, dann wieder überirdisch Kniebildungen zeigen.

Besonders eindrucksvoll ist die Schwemmland-Mangrove vor der Mündung des Rufijiflusses. Die Insel Mafia, ein wahres Taucherparadies, liegt der Flußmündung gegenüber. Man erreicht sie am besten mit dem Schiff von Dar-es-salaam aus.

■ An vielen Stellen sind der Küste Tansanias *Korallenriffe* vorgelagert. Man nennt sie zwar Korallengärten, Korallen sind jedoch keine Pflanzen, sondern skelettbildende Hohltiere. Anders als bei den Wirbeltieren liegt ihr Skelett außen, sie bilden es selbst durch Ausscheidungen, die sehr kalkhaltig sind und steinhart werden können. Meist leben die Korallentiere in enger wechselseitiger Abhängigkeit mit Algen zusammen. Gemeinsam erbauen Korallen und Algen in tropisch warmem Wasser bei genügend Sonnenlicht Riffe, die Millionen von Jahren an derselben Stelle stehen können. Bereits Darwin hat die Entstehung von Atollen auf die Mitwirkung von Korallen zurückgeführt. Der britische Naturforscher nahm an, daß rund um einen zunächst aus dem Meer herausragenden Vulkankegel Korallen wachsen. Bei Absinken des Meeresbodens und Untertauchen des Vulkans unter die Wasseroberfläche wachsen die Korallenriffe weiter, um sich mit ihren höchsten Stellen immer dicht unter dem Wasserspiegel zu halten. Bei weiteren Niveauschwankungen der Meeresoberfläche oder des Erdbodens kann der jetzt kreisförmig um den abgesunkenen Vulkankegel herum wachsende Korallensaum die Wasseroberfläche durchstoßen. Dann können sich auf ihm Pflanzen, wie zum Beispiel Mangrovepflanzen, ansiedeln.

■ Direkt an den Strand und an die Mangrove schließt sich über weite Strecken der sogenannte *Küstenbusch* an. Zwischen ihm und dem Meer liegen noch einige Dünen, zum Teil sogar Wanderdünen von beträchtlicher Höhe, die vom Wind bewegt werden. Am Tage weht dieser immer aus östlichen Richtungen, in den Abendstunden findet zeitweilig eine Umkehr statt, weil das Land schneller abkühlt als das Meer, über dem dann die Luft aufsteigt und die Luftmassen vom Land her – also aus westlicher Richtung – angesaugt werden. Dadurch bekommen die Wanderdünen Windimpulse aus beiden Richtungen, aus Ost und West.

Hinter dem undurchdringlichen Küstenbusch erstreckte sich früher an der ganzen Küste eine Waldzone, die von den hohen Niederschlägen an der Küste lebte. Sie ist jetzt streckenweise abgeholzt worden, menschlichen Siedlungen zum Opfer gefallen. Die Küstenbewohner leben nicht nur vom Fischfang, sondern treiben auch – insbesondere ein paar Kilometer landeinwärts – Landwirtschaft. Hauptanbauprodukte sind Cashewnüsse, Kokosnüsse, Mango, Kapok, Sisal, es werden jedoch auch Bananen, Mais, Tomaten, Kohl und andere für den Eigenbedarf benötigte Nahrungsmittel angebaut, außerdem wird Vieh gehalten.

Zumindest ebenso interessant wie die Natur mit ihren Stränden, den dort lebenden Tieren, dem Küstenbusch, den Korallengärten und Mangroven sind die menschlichen Ansiedlungen der Küste bis hin zu Dar-es-salaam, der größten Stadt Tansanias und der zweitgrößten Ostafrikas. So wenig aktuelle Bedeutung Tansanias Küste und die dort gelegenen Orte für den Tourismus haben, so wichtig sind einzelne Plätze in früheren Zeiten gewesen. Die gesamte Küste ist sehr kulturträchtig.

■ Die Stadt Tanga im gleichnamigen nördlichen Distrikt hat als drittgrößte Stadt Tansanias einen natürlichen Hafen mit einer tiefen Bucht. Zugleich ist die Hafenstadt für das fruchtbare Usambaraland, in dem ertragreiche Landwirtschaft betrieben wird, aber auch für die Holz- und Textilproduktion des Landes von großer Bedeutung. In der deutschen Kolonialzeit wurde der Hafen ausgebaut und 1891 mit dem Bau der Eisenbahn nach Arusha begonnen. Viele Missionare gelangten über Tanga ins Landesinnere. In der Zeit des Sklavenhandels wurden auch von hier Sklaven in den Vorderen und Mittleren Orient verschifft.

Das südliche Drittel des Küstenstreifens nehmen die Distrikte Lindi und Mtwara ein. Der Ort Kilwa, der in Lindi liegt und mehr als 50 000 Einwohner hat, war im 13. Jahrhundert eine blühende Stadt. Zunächst wurden Sklaven von hier aus nach Sansibar verschifft. Später verlor Kilwa für den Sklavenhandel an Bedeutung, weil Bagamoyo die Rolle des Sklavenumschlagplatzes übernahm, da es näher an Sansibar lag – bei klarer Sicht kann man die Insel vom Festland aus sogar sehen. Aus der Sklavenzeit sind immerhin noch einige Ruinen in Kilwa erhalten. Gleichzeitig und bereits vor der Epoche des Sklavenhandels in Kilwa wurde von diesem Ort aus der Goldhandel kontrolliert, der in Sofala im heutigen Mosambik, dem biblischen Lande Punt, stattfand.

Die Stadt Mtwara mit weit mehr als 50 000 Einwohnern ist im gleichnamigen Distrikt, inmitten des Landes der Makonde gelegen. Die Makondeschnitzereien sind berühmt und überall als Souvenirs begehrt. In ihnen spiegeln sich nicht nur ein großes künstlerisches Talent wider, sondern auch Religion, Mythos und Tradition. Arme und Beine der einzelnen geschnitzten Figuren gehen so ineinander über, daß zwei Menschen einen gemeinsamen Arm haben können. Oft befindet sich am Ende des Arms anstelle einer Hand ein Kopf. Manch eine Figur wird von vielen anderen an allen möglichen Körperteilen mit kräftigen Händen gepackt. Der Gesamteindruck einer solchen Schnitzerei vermittelt die Kraft der Verbundenheit der Menschen untereinander, ihre Hilfsbereitschaft und ihre Zusammengehörigkeit. Einer steht auf dem Kopf eines anderen und handelt deshalb mit dem Kopf anstatt mit den Fingern. Wir haben gerade an der Küste stundenlang den Erklärungen der aus ihrem Heimatland ausgewanderten Makondeschnitzer zu ihren Kunstwerken zuhören können. Alle verwandtschaftlichen Beziehungen, die in einer Makondeskulptur manifestiert sind, wurden uns eindrucksvoll vorgetragen, der Name eines jeden dargestellten Menschen genannt.

■ Die Hauptstadt *Dar-es-salaam*, die Suahelibezeichnung für *Ort des Friedens* oder auch *Hafen des Friedens*, ist eine der geschäftigsten Städte Afrikas. Das Chaos scheint hier als ordnendes Prinzip eingesetzt worden zu sein. Das gilt für den Straßenverkehr, für Öffnungszeiten der Geschäfte und Behörden, für Verkehrsmittel, für Verabredungen. Es ist immer alles anders als beim letzten Mal, und Improvisation gehört zur Tagesordnung. Die Menschen hasten zwar nicht durch die Straßen, scheinen aber alle irgendeinem wichtigen Ziel zuzustreben. Die Straße am Hafen und an der Altstadt entlang bietet einen herrlichen Ausblick auf den großen Naturhafen mit einem bemerkenswerten Umschlag.

Lange Jahre beherrschen sowjetische Schiffe mit dem roten Band und dem goldenen Emblem Hammer und Sichel um den Schornstein den Hafen. An den großen Überseefrachtern vorbei manövrieren ebenso seetüchtige arabische Dhaus, die im Vergleich wie Nußschalen wirken. Von Fischern bekommt man oft frisch gefangene Speisefische angeboten, darunter viele Arten, die unmittelbar nach dem Fang noch sehr bunt sind. Auch seltene Muscheln, Schneckengehäuse und Korallenstücke werden als Souvenirs verkauft. Leider werden diese schützenswerten Arten von Schnorchlern und Korallengartenbesuchern gesammelt und als Geldquelle ausgenutzt. Und leider können sich auch allzu viele Menschen nicht der schillernden Faszination entziehen, kaufen die Meeresschätze und regen so zu weiterem Raub an.

Ein Museumsdorf, zehn Kilometer nördlich von Dar-es-salaam auf dem Weg nach Bagamoyo gelegen, ist einen Abstecher wert. Es ist dort eine Reihe von traditionellen Häusern der verschiedenen tansanischen Völker aufgebaut. Sie vermitteln einen Eindruck von der Vielfalt des Landlebens und geben Einblick in die festgefügte dörfliche Kultur der einzelnen Landstriche. Dort findet man stets Schnitzer am Werk, auch Wakonde, die einem während der Arbeit die Geschichten ihrer Skulpturen erzählen. Neben dem Museumsdorf liegt ein verfallener deutscher Friedhof.

Erstaunlicherweise ist ein Teil dieser verrosteten und völlig vernachlässigten Seelenverkäufer im Hafen von Dar-es-salaam nicht nur schwimmfähig, sondern kann auch noch auf den Weltmeeren fahren.

■ *Bwaga moyo!* ist der Suaheliausruf, aus dem der Name des Küstenortes Bagamoyo entstand. *Moyo* heißt das Herz, und *bwaga* ist die Befehlsform eines Verbs, das so viel heißt wie *sich frei machen von etwas* oder *ein Joch abschütteln*, aber auch *aufgeben. Gib auf, mein Herz!* oder *Herz, mach Dich frei!* lautet also die Übersetzung. *Bwaga moyo* mögen viele Sklaven gerufen haben, wenn sie nach beschwerlichem Marsch aus dem Inland Ostafrikas mit Hunger, Durst, Hitze und vielleicht noch der schweren Last großer Elfenbeinzähne endlich an der Küste angekommen waren. Bagamoyo ist der Ausgangsort für alle gewesen, die in das Landesinnere reisten, und Endpunkt für diejenigen, die von einer Reise durch das Land zurückkehrten. Für die Sklaven war es der letzte Ort auf dem afrikanischen Festland, von dem aus sie nach Sansibar zum Sklavenmarkt und weiter zu ihren neuen ›Besitzern‹ in Arabien, der Türkei, Asien oder Amerika verschifft wurden. In Bagamoyo wurde auch die erste katholische Missionsstation in Ostafrika gegründet und betrieben. Von hier aus brachen die frühen Entdecker, darunter Richard Burton, John H. Speke, Emin Pascha und David Livingstone, zu ihren entbehrungsreichen Reisen ins Ungewisse, ins Innere Afrikas, auf. Bagamoyo war die erste Hauptstadt der Kolonie Deutsch-Ostafrika. Doch im Jahre 1891 wurde die Hauptstadt in die 1887 gegründete deutsche Garnison Dar-es-salaam verlegt. Bagamoyo ist heute wieder ein unbedeutendes, etwas verkommenes Fischerdorf mit immerhin rund zehntausend Einwohnern etwa 75 Kilometer nördlich von Dar-es-salaam. Ein kleines Museum vermittelt einen ersten Eindruck von der Geschichte des Ortes. Ein Zollhaus, ein Verwaltungsgebäude und ein Gefängnis erinnern an die Zeit der deutschen Kolonialherrschaft.

Bagamoyo ist ein geeigneter Ort, darüber zu reflektieren, welchen drastischen Einflüssen von Übersee die Afrikaner im Laufe der Geschichte ausgesetzt waren. Gegen nichts, was über sie hereinbrach, konnten sie sich wehren. Sie hatten weder die Mittel, noch waren sie mental darauf vorbereitet, daß andere Menschen mit ihnen so grausam umgehen könnten. Drei tiefe Einschnitte in ihr Leben versetzten ihnen die Menschen von Übersee.

■ Zunächst forderte der *Sklavenhandel* einen ungeheuren Blutzoll. Die gesündesten, leistungsfähigsten und für ihre eigenen Ethnien daher bedeutungsvollsten Menschen im besten Lebensalter wurden ausgewählt. Viele starben bereits auf dem Marsch zur Küste an Durst oder Hunger oder unter der Willkür ihrer Peiniger. Die eigenen Mächtigen unter den Afrikanern waren mitschuldig. Sie verkauften ihre Untertanen. Tand war der Preis.

Der nächste Schlag kam von den Kirchen. Von missionarischem Eifer getrieben, zwangen die europäischen Glaubensgemeinschaften vielen Afrikanern das Christentum auf – ohne Takt, ohne Toleranz, ohne Respekt vor gewachsenen örtlichen Religionen und Kulturen. Die Afrikaner galten für die Kirche und – zumindest anfangs – für die meisten Missionare als Heiden, Wilde und Primitive. Ihre bisherige Religion als Bestandteil einer hohen Kultur wurde verunglimpft und verspottet. Dabei wußte man im Vatikan und in den anderen christlichen Zentren Europas genauso wenig wie der Priester vor Ort von den Einzelheiten der afrikanischen Religionen und der afrikanischen Religiosität. Sie kamen und erklärten, nur sie, nur die Christen, wären im Besitze des richtigen Glaubens. Als in Bagamoyo 1868 die Mission ihren Anfang nahm, war Toleranz keine Denkkategorie auf dem Weg der Christianisierung. Erst nach und nach lernten die Missionare, daß sie mit seelischer Brutalität zerstörten, was Generationen von Afrikanern heilig war. Der höhere zivilisatorische Lebensstandard der Missionare ließ sie glauben, das Christentum wäre ein Weg zum Wohlstand. Selbst wenn die Gottesmänner unter sehr einfachen äußeren Bedingungen das Wort Gottes verbreiteten, litten sie dennoch keinen Hunger, keinen Durst, keine äußere Not.

Doch die Missionen brachten auch Schulen und Krankenhäuser, Bildung und Medizin. Sie praktizierten – abgesehen von der Mißachtung der seelischen Bedürfnisse der Afrikaner – Barmherzigkeit. Das hat ihnen Erfolge beschert, meßbar an der Zahl der Täuflinge oder der Besucher sonntäglicher Gottesdienste. Daß viele getaufte Schwarze hin- und hergerissen waren zwischen Christus und dem Gott ihrer Vorfahren, blieb und bleibt auch heute noch unberücksichtigt. Aus Anstand ließen sich manche der Afrikaner taufen, schließlich nahmen sie die Hilfe des Missionshospitals in Anspruch, und ihre Kinder lernten in der Missionsschule neben Beten und Choralsingen Lesen, Schreiben, Rechnen und andere Fähigkeiten, die man in Suaheli *muhimu* (wichtig) nennt.

Dreißig bis vierzig Prozent der Bevölkerung Tansanias sind Moslems, die hier meist moslemischer als die Christen christlich sind. Viele Richtlinien des moslemischen Glaubens stehen primär der

Von 1887 bis 1891 war Bagamoyo die Hauptstadt der damaligen Kolonie Deutsch-Ostafrika. Das malerische, hell getünchte Alte Zollhaus am Strand stammt aus jener Zeit und zeigt, welche Bedeutung auch damals dem Erheben von Zöllen beigemessen wurde.

afrikanischen Denkweise und Kultur näher. In den letzten Jahrzehnten sind in manch einem kleinen Dorf Moscheen errichtet worden. Insbesondere an der Küste sieht man überall Frauen mit *Mbuimbui*, dem Schleier, und Männer mit *Kofia*, wie das Suaheliwort für jede Art von Kopfbedeckung heißt, das hier auf die randlosen Kappen angewandt wird, die alle Moslems in verschiedenen Farben, Formen, Größen und mit vielerlei Verzierungen ständig tragen.

Der dritte massive Eingriff in die Kultur der Afrikaner erfolgte durch die *Kolonisation*. Das festgefügte soziale Leben nach den Regeln langjähriger Traditionen der einzelnen afrikanischen Völker fiel einer Vereinheitlichung zum Opfer, die vom ›Mutter‹land angeordnet wurde. Alle eigenständigen Formen des Zusammenlebens, wie zum Beispiel von Volk zu Volk verschiedene Rechtsauffassungen, wurden assimiliert. Erst nachdem Ethnologen die gewachsenen Eigenständigkeiten der Völker Afrikas zu erforschen begonnen haben, läßt sich abschätzen, in welchem Ausmaß hier Kulturen vergewaltigt wurden. Keine Kolonialmacht versuchte, die vorgefundenen Sitten, Gebräuche und Kulturen zu verstehen. Was im Lande der Kolonialmacht üblich war, wurde diesen Völkern ›übergestülpt‹. Auf welcher Ebene auch immer Afrikaner versuchten, Widerstand zu leisten, sie bekamen Gewalt zu spüren. Vom Prinzip ›Zuckerbrot und Peitsche‹ wurde fast nur die Peitsche eingesetzt, und diese wurde durch Schwert, Schußwaffe und sogar Kanone ergänzt. Afrikaner wurden von den Kolonialmächten zu Soldaten gemacht und in blutige Schlachten sinnloser Auseinandersetzungen zwischen den für sie fernen Großmächten getrieben. Sie konnten Ursachen und Ziele der Kämpfe noch viel weniger begreifen als die Völker der kriegführenden Mächte. Rückblickend ist es kaum faßbar, wie die afrikanischen Traditionen diese schweren Eingriffe, von der Versklavung der Menschen über die Zerstörung der traditionellen Religionen und der Rechtsprechung bis zur Zwangseinordnung in ein politisches Willkürsystem, überstanden haben. Der Sklavenhandel ist endgültig zum Erliegen gekommen. Die Mission lebt noch ein wenig. Der Kolonialismus ist oft einem Neokolonialismus gewichen.

Nach Erlangung der Unabhängigkeit – der *Uhuru* – kommen die alten afrikanischen Traditionen und Denkweisen wieder zum Vorschein. Sklavenhändler, Missionare und Kolonialbeamte erleiden jetzt eine späte Niederlage ihres Bestrebens, Afrika in ihrem Sinne zu verändern. Die vielen, immer noch von tiefem Rassismus geprägten despektierlichen Worte über die ›primitiven Hilfsvölker der Bananenrepubliken‹ fechten die Afrikaner nicht mehr an. Freilich wird es noch eine ganze Zeit dauern, bis sie das nötige Selbstvertrauen auch zeigen werden. Die von den Kolonialmächten willkürlich gezogenen Grenzen, die überstürzt eingesetzten Führer der ersten Stunde und die mangelnde Vorbereitungszeit erschweren eine Rückführung auf alte afrikanische Systeme. Es wird nicht von heute auf morgen möglich sein. Aber Afrika wird seinen Weg machen, und es wird ein afrikanischer Weg sein. Wir Europäer müssen lernen, daß nur Toleranz und Respekt der Schlüssel zum geistigen Verständnis der Völker des Schwarzen Erdteils sein können. Wer als Tourist einige Zeit in Afrika verbringt und dort Menschen kennenlernt, wird erkennen, daß Offenheit und Verständnis den Weg zu der fremden Kultur eines Mkonde wie eines Msukuma, eines Masai wie eines Myao ebnen.

Auf lange Sicht werden nicht nur Kaffee, Abenteuertourismus oder Bodenschätze die Europäer bereichern, vielmehr können wir auch Lebensart aus Afrika in unsere Sphäre importieren, zum Beispiel die Kraft, zu vergeben und zu vergessen. Aber auch die Fähigkeit, sich zu bescheiden und zurückzustecken, anstatt, koste es was es wolle, Wachstum zu erstreben und Macht über andere zu gewinnen, können wir von den Afrikanern lernen.

Ein geeigneter Ort für solche Reflexionen ist der Strand von Bagamoyo mit den verfallenen Gebäuden der Sklavenhändler und den fremdgepflegten Kirchen, den seewindverwitterten steinernen Erinnerungen an die Kolonialzeit im Rücken und dem Blick auf *Sansibar*, die traditionsreiche Insel im Indischen Ozean.

Die Ausleger zu beiden Seiten des Bootsrumpfes verleihen diesen primitiv, aber nach traditionellen Vorgaben konstruierten Segelbooten eine bemerkenswerte Stabilität. Selbst bei seitlichem Wind erreichen sie hohe Geschwindigkeiten.

Um den Fischmarkt in Dar-es-salaam richtig zu erleben, muß man in das lebhafte Treiben der Menschen in ihren bunten Gewändern eintauchen, ihr lautes, von Lachen unterbrochenes Palaver hören und den Geruch der verschiedenen Früchte des Meeres atmen.

Dar-es-salaam ist ein bedeutender Seehafen für ganz Ostafrika, über den der Umschlag vieler Güter auch für die Binnenländer Afrikas abgewickelt wird. Trotz der Geschäftigkeit bietet der Hafen reizvolle Stimmungen.

Das innige Miteinander der Familien und Dorfgemeinschaften in diesem künstlerisch hochbegabten Volk drückt sich in der Darstellung der Menschen in den grazil geschnitzten Makondefiguren aus.

An der Hafenfront von Dar-es-salaam trifft man viele Menschen, die gemächlich, aber stetig jeder einem anderen Ziel zustreben. Der Gang der Frauen, die ihre Lasten auf dem Kopf tragen, ist besonders anmutig.

Ein großer Teil des Handels mit täglichen Bedarfsgütern findet an offenen Ständen oder vor den kleinen Ladengeschäften inmitten der Großstadt Dar-es-salaam statt.

▄▄▄ Wer von Dar-es-salaam über den tiefblauen Indischen Ozean nach Sansibar fliegt, sieht, daß die Insel von flachen Zonen umgeben ist. Die kleine Insel links oben im Bild ist aus Korallenriffen entstanden, wie die typischen unterhöhlten Kanten zeigen. Sie steht jetzt frei im Watt, wird aber in wenigen Stunden vom Wasser umspült sein. Die Dhau rechts im Vordergrund ist auf dem Weg zum Hafen Sansibar. Das Weiß ihrer Segel bildet einen reizvollen Kontrast zum Blau des Ozeans.

**Die Perle des Sultans –
Besuch auf Sansibar**

■ Rund achtzig Kilometer trennen *Sansibar* von Dar-es-salaam. Politisch gehört Sansibar nach Erlangung der Unabhängigkeit und einer kurzen Periode der Selbständigkeit seit 1964 zu Tansania. Der stellvertretende Ministerpräsident Tansanias wird von der Insel Sansibar gestellt.

Wenn man, vom stets geschäftigen und chaotisch anmutenden internationalen Flughafen von Dar-es-salaam kommend, nach knapp einer Stunde Flug auf Sansibar landet, ist man in einer anderen Welt. Die modernen Fahrzeuge, ein plärrendes Transistorradio und einen europäisch gekleideten Afrikaner mit korrekter Krawatte und Sakko filtriert man mühelos aus. Und dann bleiben Straßen, Häuser, Menschen, Kleidung, Geräusche und Gerüche, die nicht aus unserer Zeit sind.

Der Besucher fühlt sich um zweihundert Jahre zurückversetzt. Die Menschen hier scheinen die brausende Hektik, die glitzernde Mischung aus Aluminium und Glas, die bis zum Platzen unter Druck stehende Informationsflut vorsätzlich nicht zur Kenntnis genommen zu haben. Sie leben in anderen Dimensionen, in einem anderen Rhythmus und verstehen unter Lebensqualität etwas völlig anderes als der westliche Mensch.

Die Stadt Sansibar als Hauptstadt der Insel ist Tansanias zweitgrößte Stadt. Sie ist geteilt in die Altstadt, die als *Stone Town* bezeichnet wird und im Westen auf einem kapartig in den Sansibarkanal hineinreichenden Vorsprung liegt, und die Neustadt, *ngambo* genannt, das ist das Suaheliwort für *auf der anderen Seite*. Sie ist ein verkommenes Relikt der ehemaligen DDR, die im Osten der Stadt Betonwohnsilos errichtet hat. Der Dhauhafen liegt im Norden.

Die engen Gassen der Altstadt verlaufen in verwirrender Wegeführung. Die Häuser werden nach oben hin breiter, viele haben Balkons. Deshalb sieht man den Himmel nur, wenn man senkrecht nach oben blickt oder einen der vielen kleinen, offenen Plätze betritt, die ein wenig mehr von Afrikas strahlendem Tropenhimmel preisgeben. In der Stadt kommt man nur schwer voran. Das liegt aber weder an der Enge noch an den vielen geschäftigen, dennoch stets gemessen schreitenden Menschen, sondern vielmehr an den Details der Häuser, die es überall zu bewundern gibt.

Sansibar ist berühmt für seine Türen mit zauberhaften Schnitzereien. Die alten mehrstöckigen Häuser, die zum Teil seit mehr als zweihundert Jahren fast unverändert blieben, sind architektonische Kostbarkeiten und legen Zeugnis ab von einer hohen Wohnkultur. Selbst kleine Häuser haben prächtige Portale. Türrahmen, -füllungen und -bögen sind mit reichen Schnitzereien verziert, die Pflanzen, besonders Blüten, Vögel und andere Tiere darstellen. Sie zeugen nicht nur von großem handwerklichen Können, sondern spiegeln auch eine besondere Ästhetik wider. Die den Besuchern zum Kauf angebotenen typischen Sansibartruhen verkörpern das gleiche Bedürfnis, Gebrauchsgegenstände ornamental zu verzieren und so zu Kunstwerken werden zu lassen. Die Metallbeschläge an Türen wie Truhen sind reich ziseliert, sie weisen die gleichen Stilelemente auf. An manchem Ort kann der Besucher den Handwerkern bei ihrer kunstvollen Arbeit über die Schulter schauen.

Sansibar wird von seinen Einwohnern und von Kennern der Sprache *Unguja* genannt. Das hier gesprochene Unguja-Suaheli gilt als das reinste überhaupt, es ist noch unverfälschter als das Küstensuaheli. Weiter im Inland Ostafrikas nimmt man es mit der Grammatik dieser Sprache nicht so genau. Statt des üblichen Wortes ›Swaheli‹ oder ›Suaheli‹ hört man oft auch den Ausdruck ›Kisuaheli‹. Die Vorsilbe Ki- vor dem Namen eines Volkes bedeutet immer seine Sprache. U- ist die Vorsilbe für ein Land, für eine Nation, Deutschland ist also Ujerumani. Kijerumani heißt die Sprache Deutsch. Kisuaheli ist die Sprache der Suaheli-Bevölkerung. Diese ist kein Volk mit eigenständigen ethnischen Wurzeln, sondern ein Völkergemisch aus bantuiden Afrikanern, Arabern aus der Sklavenzeit, Portugiesen aus deren Herrschaftsepoche, Persern, die aus der Gegend von Schiraz hierherkamen, und einigen Stämmen der Völker, die in der Nähe der Küste leben. Die Sprachwissenschaft kann zur Aufklärung der geschichtlichen und insbesondere völkischen Entwicklung wichtige Beiträge leisten. Völker, die miteinander in Kontakt kamen oder Krieg führten, Gruppen, durch deren Gebiet andere Völker hindurchwanderten, Menschen, die miteinander Handel getrieben haben, Einzelpersonen, die einander trotz unterschiedlicher Volkszugehörigkeit geheiratet haben, beeinflussen die Sprache der jeweiligen Gebiete.

Das sprachliche Gerüst des Suaheli ist bantuider Herkunft. Proto-Bantu heißt

Dar-es-salaam ist ein natürlicher Hafen in einer Bucht des Indischen Ozeans. Die Lichter des Frachters und der Hafenanlagen bieten ein zauberhaftes Bild typischer Hafenromantik.

die Ursprache, aus der sich die heutigen, selbständigen bantuiden Sprachen entwickelt haben. Im Laufe der jahrhundertealten Geschichte hat die Sprache Suaheli Elemente der Sprachen anderer Völker der ostafrikanischen Küste assimiliert. Sprache und Kultur der Bevölkerung sind hier tatsächlich aus dem Schmelztiegel Sansibar hervorgegangen.

■ Die Insel Sansibar hat lange ihre Selbständigkeit behaupten können. Die Anfänge der Mission und der Kolonialisierung bedeuteten hier nicht annähernd solche Einschnitte wie auf dem ostafrikanischen Festland, da der Sultan jedwede Missionierung in seinem Herrschaftsbereich, also auch an der Sansibar gegenüber liegenden Küste, untersagte.

Schon um die Jahrtausendwende kamen handeltreibende Araber hierher, wurden seßhaft und vermischten sich auch kulturell und sprachlich mit den bantuiden Ureinwohnern. Die ersten Siedler waren wahrscheinlich Schirazi, die schon im 10. Jahrhundert aus Persien hierhergekommen waren und bis heute einen großen Teil ihrer alten Kultur bewahrt haben. Von 1500 bis 1700 beherrschten die Portugiesen Sansibar. Sie wurden vom Sultan von Oman vertrieben, der von hier aus den gesamten Handel mit den Gütern Zentralafrikas – vor allem mit Elfenbein und Sklaven – beherrschte. 1832 machte der Sultan Sansibar zu seiner Residenz und ließ hier einen märchenhaften, heute leider verfallenen Palast errichten. Wenige Jahre später wurde die Insel gemeinsam mit der Nachbarinsel Pemba selbständiges Sultanat. Dieses gehörte zum deutschen Interessengebiet, wurde aber 1891 durch einen Vertrag mit England gegen die bis dahin unter britischer Oberhoheit stehende Insel Helgoland getauscht und damit britisches Protektorat.

Während der Zeit des osmanischen Regimes nahm die Bevölkerung Sansibars erheblich zu, weil jetzt Elfenbein, Kaurimuscheln, Gewürznelken, aber vor allem Sklaven hier gehandelt und umgeschlagen wurden. Die Insel hatte Mitte des vorigen Jahrhunderts bereits 100 000 Einwohner. Zu dieser Zeit lebten hier jedoch trotz des blühenden Handels nur wenige Europäer als Interessenvertreter der Regierungen oder Handelsunternehmen. Sansibar – oder Unguja – hat im Sklavenhandel eine sehr große Rolle gespielt. Davon zeugt immer noch der alte Sklavenmarkt in der Stadt Sansibar. Von hier aus wurden die Sklaven verkauft und nach Arabien und Indien verschifft. Der Sklavenhandel wurde 1872 von den Briten untersagt. Dieses Verbot galt aber nicht für Sansibar, denn im Herrschaftsbereich des Sultans konnten nach wie vor bis zum Jahre 1909 – erst da wurde die Sklaverei endgültig abgeschafft – Sklaven gehandelt werden.

Die Insel besteht aus Korallenkalk, der auch der Hauptbaustoff für die meisten Häuser hier ist. Der Anbau von Gewürznelken – 75 Prozent des Weltbedarfs wird aus Sansibar geliefert – und von Kokosnüssen wurde und wird auch heute noch emsig betrieben. Ursprüngliche Natur ist auf Sansibar wenig erhalten. Immerhin gibt es an größeren Wildtieren noch einen Restbestand von wenigen hundert Kirk-Stummelaffen, einer Unterart des Roten Stummelaffen, und eine Duckerart.

Ihren besonderen Akzent setzt die Natur an Sansibars Stränden und den bei Niedrigwasser vom Ozean entblößten Wattflächen. Strandkrabben verschiedener Arten eilen oft im Seitwärtsgang über den Strand. Sie huschen in ihre Löcher, graben, suchen Futter. Die Männchen winken mit ihren einseitig stark vergrößerten, je nach Art bunt gefärbten Scheren und werden daher auch Winkerkrabben genannt. Sie können damit einem Weibchen einen Antrag machen, einen Rivalen bedrohen und Nahrung zum Mundschlitz führen. In Wasserlöchern im Watt sind Fische der verschiedensten Gattungen, auch Korallenfische, zurückgeblieben. An einigen Steinen in solchen Löchern leuchten pastellfarbige Seeanemonen und Seenelken verschiedenster Arten, und grellbunte Clownfische schwimmen in dem winzigen Tümpel, der sich bis zur nächsten Flut erheblich aufheizt, umher. Schnecken, Muscheln und Seesterne liegen allenthalben am Strand oder entfalten ihre Aktivitäten in den verbliebenen Wasserpfützen. Seegurken und Seewalzen bewegen ihre eigenartig geformten Körper erstaunlich schnell im restlichen Wasser.

Mehrere Möwen- und Seeschwalbenarten patrouillieren über dem trockengefallenen Watt, sie finden dort reichlich Nahrung. Strandläufer und Regenpfeifer trippeln umher, durchsuchen Seegras- und Seetangbüschel nach Eßbarem, fangen eine Krabbe oder ziehen einen Wurm aus dem Sand. Verschiedene Reiherarten schreiten gravitätisch von einem Wasserloch zum anderen, stoßen blitzschnell zu, und ein Fisch zappelt in ihrem Schnabel. Kormorane fliegen in langen Reihen dicht über dem Wasser. Hin und wieder glitzern in schnellen, langen Sprüngen fliegende Fische über der ruhigen Wasserfläche. Die ganze Vielfalt einer tropischen Meeresküste nimmt hier den Besucher gefangen.

Auf der nördlichen Nachbarinsel Pemba, die zum Sansibar-Verwaltungsdistrikt gehört, ist der Strand meist menschenleer. Es gibt dort noch mehr Gewürznelkenbäume und viele Ruinen aus portugiesischer und arabischer Zeit. Da es hier keine Unterkünfte gibt, muß man am selben Tag mit dem Schiff nach Sansibar zurückfahren.

Fern jeder Hektik und in ausgeglichener Ruhe schlürft dieser alte Sansibari seinen süßen Tee. Seine Kopfbedeckung, die Kofia, weist ihn als Moslem aus.

In den engen Gassen des Stone Town genannten alten Teiles der Stadt Sansibar hat man trotz des Fahrrades, der Aluminiumtöpfe und der gewagten Führung der elektrischen Leitungen das Gefühl, die Zeit sei stehengeblieben.

Alte Menschen genießen wie in ganz Afrika auch auf Sansibar hohes Ansehen. Die Anrede »Mzee« (Alter) ist Ausdruck besonderer Ehrerbietung.

Im Fischerdorf Nungwi an der Nordspitze Sansibars gehen Frauen auf traditionelle Weise dem Fang von Tintenfischen nach. Im klaren, flachen Wasser können sie ihre Beutetiere erkennen und unter Sicht des Auges fangen.

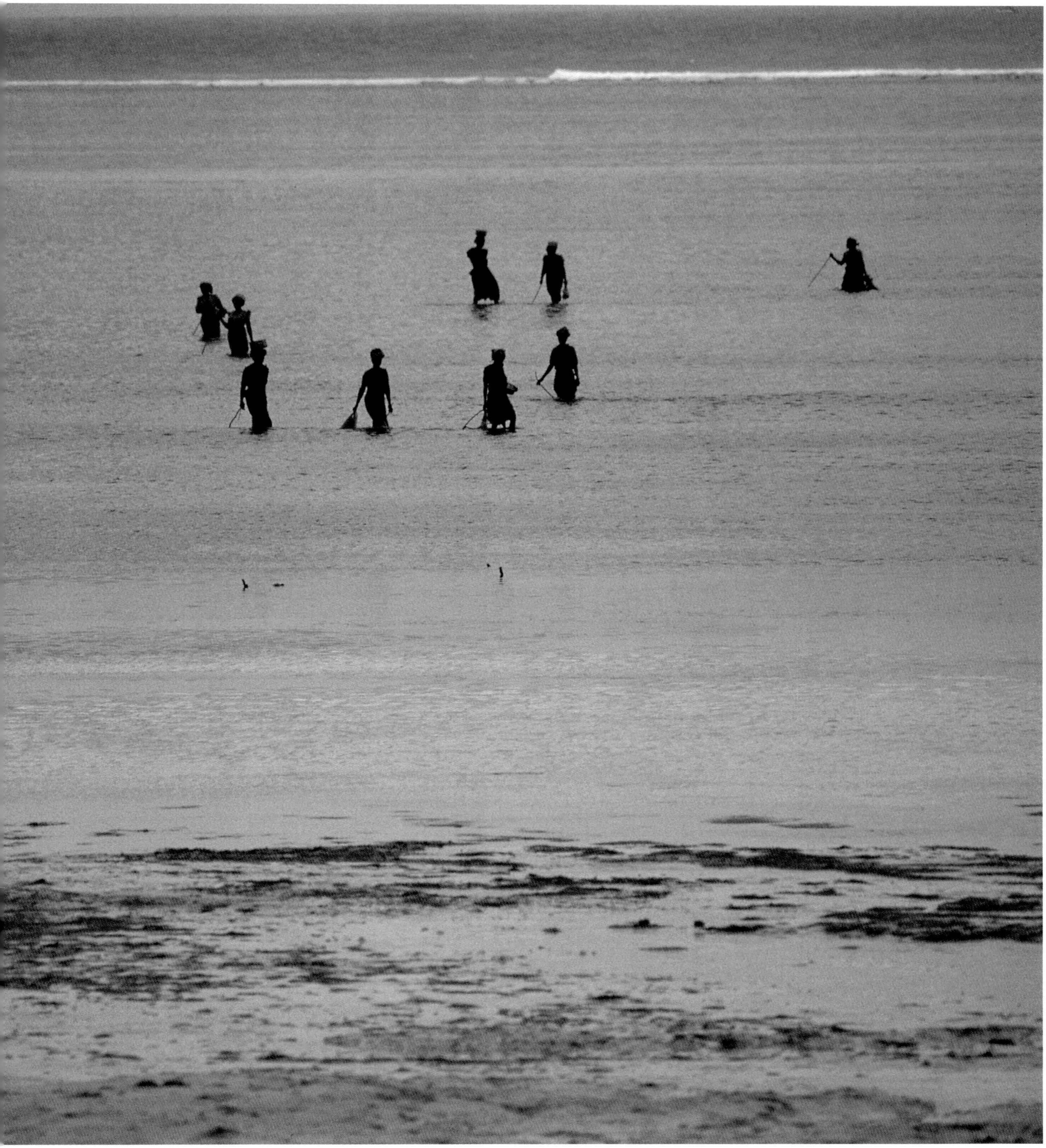

Selbst einfache Häuser auf Sansibar haben häufig kunstvoll geschnitzte Türen mit prächtigen Mustern und ornamentalen Verzierungen.

Läden aller Art werden – unabhängig vom Warenangebot – als Dukas bezeichnet. Was es in einer solchen Duka tatsächlich zu kaufen gibt, muß keineswegs mit dem, was draußen angeschrieben steht, übereinstimmen. Man muß einfach hineingehen und fragen.

Geruhsam bietet ein Händler vor seinem Hause seine meist selbsterzeugten Waren feil. Das Fahrrad hinter ihm ist nicht nur Fortbewegungsmittel, sondern auch Statussymbol.

Wenn auch unter Zuhilfenahme moderner Werkzeuge, Metallbolzen und Schrauben werden die Schiffe – wie hier in Nungwi an Sansibars Nordspitze – auf traditionelle Weise und in seit altersher überkommener Form gebaut. Werden Schiffe aus Kunststoffen eines Tages diese herkömmlichen Boote verdrängen?

Bei einem Markt unter freiem Himmel kommen viele Sinne zu ihrem Recht. Bunte Farben, lautes Treiben, exotische Gerüche fließen für uns zu einem unvergeßlichen Eindruck zusammen.

Die Bausubstanz mancher einst prachtvoller Gebäude bröckelt, ohne daß dem Verfall Einhalt geboten wird. Dazu fehlt das Geld, aber auch die Initiative.

▬▬ Der träge dahinfließende Rufijifluß mit seinen vielen Buchten, Lagunen und Altwassern ist im Norden des Selous-Reservates inmitten der trockenen und dürren Nyika in weitem Umkreis das einzige Wasservorkommen und damit Lebensspender für viele Tierarten, die sich in den langen Monaten der Trockenzeit den äußerst harschen Lebensbedingungen der Trockensavanne anpassen müssen.

Weites Land – Nyika und Miombo

Zwischen dem dreißig bis siebzig Kilometer weit ins Inland reichenden Streifen der Küstenregion und den übrigen Landschaften Tansanias westlich des großen Afrikanischen Grabens liegt die *Nyika* wie ein natürlicher Sperrgürtel. In der Tat hat sie als solcher auch immer Eindringlingen von der Küste ins Landesinnere Widerstand geboten. Sklavenhändler und Elefantenjäger hatten Mühe, ihre im Landesinneren zusammengeraffte schwarze oder weiße Beute zur Verschiffung an die Küste zu schaffen. Oft verloren sie einen nicht unerheblichen Teil ihrer erbeuteten Güter auf dem Wege durch die unwirtliche Nyika.

Für die Missionare gab es in diesem dünn besiedelten Gebiet nicht viel Arbeit. Den Kolonialmächten bot die Nyika weder Bodenschätze noch landwirtschaftlich nutzbare Flächen, nicht einmal strategisch wichtige Punkte für die Militärs gab es dort. So hinterließen Klerus wie Militär kaum Spuren. Selbst heute noch erregt die Nyika wenig Interesse bei Afrikanern wie bei Besuchern. Dabei liegen hier riesige Nationalparks mit großartigen Tierbeständen wie Afrikas größtes Schutzgebiet, das *Selous-Reservat*, der urtümliche *Ruaha-Nationalpark* und der *Mikumi-Nationalpark*, das einzige gut erreichbare Schutzgebiet dieser unwirtlichen Gegend.

Warum ist die Nyika für den Menschen so wenig attraktiv? Es sind klimatische Gründe, die für die Lebensfeindlichkeit verantwortlich sind. Um hier zu überleben, müssen Pflanzen, Tiere und Menschen hart und widerstandsfähig sein, bereit, unter kargen Bedingungen zu leben, Rückschläge wegzustecken und ständig um das Überleben zu kämpfen. Niederschlag ist selten in dieser Region – vom Ozean kommende, wasserbeladene Wolken haben sich bereits an der Küste abgeregnet. Über der Nyika gibt es daher nur selten Wolken und damit nicht nur wenig Regen, sondern auch kaum Schatten. Dieser klimatischen Härte sind nur daran besonders angepaßte Pflanzen gewachsen wie Akazien-, Commiphora- und Brachystegiabüsche sowie der Affenbrotbaum, der Baobab. Viele von ihnen sind dornenbewehrt. Der Besucher trägt so manche Blessur davon, wenn er zu Fuß versucht, nur ein paar hundert Meter in die Nyika einzudringen. Der erfolgreiche Versuch, sich von einem Dorn, der sich in der Kleidung verfangen hat, zu befreien, hat zur Folge, daß man bei den dafür notwendigen Bewegungen an zwei oder drei weiteren hängenbleibt. Diese Dornen sind meist stark gekrümmt, einige auch nadelscharf, lang und gerade. Sie zerreißen einem bei den Befreiungsversuchen unweigerlich die Kleidung, und wenn man auf die Dornen tritt, bohren sie sich durch die Gummisohlen von Turnschuhen ebenso wie durch das Kernleder konventioneller Fußbekleidung. In der Haut brechen die Spitzen oft ab und erinnern noch Wochen nach der Rückkehr in heimische Gefilde an den Schwarzen Kontinent. Ein Besuch der Nyika zu Fuß ist also nicht zu empfehlen. Den Reiz dieser Landschaft kann man erst richtig beurteilen, wenn man das Land zumindest einmal nach dem Regen und einmal auf der Höhe der Trockenzeit gesehen hat. Der Gegensatz ist verblüffend.

Kurz nach dem Regen bedeckt ein Blütenteppich den Boden. Büsche und Bäume strahlen in saftigem Grün, viele von ihnen verbreiten aus zauberhaften Blüten einen betörenden Duft, der schwer in der Luft hängt. Die sanften Hügel gliedern eine Landschaft von unbeschreiblicher, anmutiger Schönheit. Die Baobabs, wahrhaft bizarre Bäume, stehen fast immer einzeln und beherrschen ihre Umgebung. Leuchtend grün ist ihr Laub nur für kurze Zeit. Die Blüten erscheinen vor den Blättern. Sie sind klein und für den mächtigen, dann noch kahlen Baum recht unscheinbar, schneeweiß und lieblich duftend. Die faustgroßen, grünen, rauhschaligen Früchte haben zu dem deutschen Namen Affenbrotbaum geführt. Sie werden zwar von Affen gelegentlich angebissen, haben aber gewiß für diese nicht die Bedeutung von Brot. Viele Vögel suchen in einem Baobab Nahrung und Schutz, Kleinsäuger und Echsen finden ganzjährig in dem dicken Stamm einen Lebensraum.

In der Trockenzeit bietet die Nyika ein völlig anderes Bild. Vertrocknetes Laub, zwischen den Büschen braungraues Gras, kaum Grün, wenig Farbtupfer von noch geöffneten Blüten. Eine Ausnahme ist die Wüsten- oder Impalarose, ein an die Trockenheit angepaßter Busch, dessen zartrosa bis dunkelrote Blüten noch in der Trockenzeit weithin leuchten. Auch ein Vertreter der Wolfsmilchgewächse, die baumähnliche Kandelabereuphorbie, ist noch lange nach dem Regen ein grüner Fleck in der gelbbraunen Landschaft.

Der kahle Baobab rechtfertigt jetzt, was Afrikaner von ihm erzählen: der liebe Gott habe irgendwann im Zorn über

Wenn die nächste Brücke oder Fähre zu weit entfernt ist, werden die häufig sehr flachen Flüsse einfach durchwatet. So kommt man schneller ans Ziel.

die Menschen den Baum am Stamm gepackt, mit allen Wurzeln ausgerissen, umgedreht und mit den Blättern nach unten wieder eingepflanzt. Nun ragen die kahlen Wurzeln in die Höhe und mahnen die Menschen an die Macht Gottes. Tatsächlich ähneln die unbelaubten Äste und Zweige eines Baobab den Wurzeln eines großen Baumes. Erstaunlich ist, daß die Afrikaner aller Völker, vom äußersten Westafrika durch die Sahelzone bis ins östliche und südliche Afrika, unabhängig von ihren sonst so unterschiedlichen Kulturen, dieselbe Geschichte erzählen.

Fast nirgendwo findet man Baobabs, die nicht von Elefanten beschädigt worden sind. Die Baumriesen mit ihrer graubraunen, oft ins Lila schimmernden Rinde haben eine glatte, dünne Borke. Ihr Holz ist sehr weich und faserig und speichert viel Wasser. Mit ihren Stoßzähnen bohren die früher in der Nyika häufigen Elefanten tiefe Löcher in die Stämme der Affenbrotbäume. Sie fressen die Rinde und kauen das Holz, das viele Mineralstoffe enthält.

Die Nyika ist keineswegs arm an Tieren. Sie ist der Lebensraum an die Trockenheit angepaßter Säugetiere und zahlreicher Vogelarten. Unter den Säugetieren sind es vor allem solche, die nicht auf ständige Tränke angewiesen sind. Denn Wasser ist hier knapp. Nur kurz nach der Regenzeit fließen einige Flüßchen, die sich metertief in den Erdboden eingraben. Nach wenigen Wochen fallen sie wieder trocken, und nur stellenweise bleiben ein paar begrenzte Wasservorkommen zurück. An ihren Ufern stehen meist einige Bäume und Büsche, die ihr Grün länger behalten. Daher trifft man in der Nähe der Flüßchen meist Tiere an, die vom Laub leben, den Schatten suchen oder hierher zum Trinken kommen.

Kleinantilopen wie Dikdiks und Steinböckchen finden an solchen Orten alles, was sie zum Leben brauchen. Kleine Kudus leben ebenfalls hier im Trockenbusch. Auch dem stark bedrohten, so selten gewordenen Spitzmaulnashorn als typischem Laubfresser bieten sich gute Lebensbedingungen. Zum nächsten Wasserloch kann es alle paar Tage bis zu fünfzehn Kilometer und weiter gezielt wandern.

Die Dornen der Büsche und Bäume sind für Säugetiere kein Hindernis beim Fressen. Kleinantilopen und Kleine Kudus fischen sich mit ihren schmalen Schnauzen und beweglichen Zungen die Blätter zwischen den Dornen heraus, ohne sich zu verletzen. Elefanten fressen selbst zentimeterlange Dornen mit. Die spitzen, sehr beweglichen Lippen der Nashörner sind geschickt genug, die Blätter zwischen den Dornen herauszupflücken.

Kleinraubtiere sind nicht selten, auch der Leopard zieht hier seine Fährte. Ihm reichen zur Not als Nahrung kleinere Säuger wie Hasen und Nagetiere, die in der Nyika besonders zahlreich vorkommen, sowie Hühnervögel. Löwen und Geparden sind ebenso überall dort zu finden, wo ihre Beutetiere leben.

Eine vielfältige Vogelwelt lebt in der Nyika. Die zu den Hornvögeln gehörenden Tokos kommen in mehreren Arten vor, Perlhühner, Frankoline, zahlreiche Taubenarten und Flughühner sind häufig. Da es hier viele Insekten gibt, findet man überall Echsen und Schlangen.

Charaktertiere der Nyika sind die Tsetsefliegen, sie kommen hier besonders zahlreich vor. Der Gattung Glossina angehörende Arten wirken sich dabei besonders negativ auf die Wirtschaft des Landes aus, da sie bei ihrem Biß einzellige Geißeltierchen, sogenannte Trypanosomen, übertragen. Diese erregen beim Menschen die Schlafkrankheit, bei Rindern die gefährliche Nagana-Rinderseuche. Fast vierzig Prozent der Gesamtfläche Afrikas in 37 Ländern sind von Tsetsefliegen verseucht. Während wildlebende Tiere gegen diese Krankheitserreger immun sind, ist in solchen Gebieten die Viehhaltung nahezu unmöglich. Die Nyika ist aus diesem Grund – genau wie übrigens das zentrale Hochland Tansanias – so dünn besiedelt.

Der Grund für die Häufigkeit der Tsetsefliege liegt in ihrer Fortpflanzungsbiologie. Ihre Eier verpuppen sich im Körper des Weibchens. Sie ernähren sich dort von dem Sekret bestimmter Drüsen im mütterlichen Darm. Statt wie andere Insekten Eier zu legen, ›gebiert‹ die Tsetsefliege eine fast zum Schlupf bereite Puppe. Diese schlüpft in der ersten Stunde nach der ›Geburt‹. Dazu ist Schatten nötig, weil die sengende Sonne sonst die Puppe vertrocknen ließe. Büsche, die Schutz vor der Sonne bieten, gibt es gerade in der Nyika besonders reichlich.

Der großartige **Mikumi-Nationalpark** ist von Dar-es-salaam über eine gut ausgebaute Straße in einem halben Tag leicht erreichbar. Im Mikumi-Nationalpark selbst ist die den Park durchschneidende Asphaltstraße allerdings ein Ärgernis. Sie ist Teil des Verbindungsweges zwischen Dar-es-salaam und Sambia. Die großen Säugetiere haben sich an das Donnern der schweren Laster viel besser gewöhnt als der Besucher, der wenige hundert Meter von der Straße entfernt im Busch Tiere beobachtet.

Neben typischer Nyika-Landschaft gibt es im Südosten an den Hängen der Uluguruberge den charakteristischen ***Miombo-***

Wo immer Kadaver in der Savanne umherliegen – wie hier ein großer Büffelbulle – finden sich Geier ein: Hier sind es Weißrückengeier, die häufigste Geierart Ostafrikas. Meist räumen sie schnell mit den Resten auf.

wald, eine Vegetationsform, die besonders im südlichen Afrika weit verbreitet ist. Sie besteht überwiegend aus Baumarten der Gattung Brachystegia. Nach der Regenzeit bekommt die Miombe im Juli/August eine prachtvolle Färbung in zarten Pastelltönen. Die traumhaften Schattierungen vom blassen Gelb über Orange und Rot bis zum Violett werden nicht etwa durch Blüten hervorgerufen, sondern durch Blätter. Diese schießen nach dem Regen mit so großer Geschwindigkeit heraus, daß die Zeit nicht ausreicht, um das Chlorophyll, den grünen Blattfarbstoff, einzulagern. So durchläuft jedes einzelne Blatt je nach der Menge des langsam sich entwickelnden Chlorophylls viele Farbtöne, und ein einzelner Baum kann von Tag zu Tag, von Ast zu Ast seine Farbe wechseln. Den Besucher schlägt die Miombe an jedem Hügel von neuem mit ihrer Farbenpracht in den Bann. Diese Vegetationsform hat ihre nördlichsten Ausläufer gerade hier im Mikumi-Nationalpark.

An Tieren ist alles vertreten, was man von einem ostafrikanischen Tierreservat erwartet. Zebras und Masaigiraffen sind unübersehbar. Die aus den nördlicheren Wildschutzgebieten so gut bekannten Kongonis, also Kuhantilopen, werden hier durch Konzis, auch Lichtensteins Kuhantilopen genannt, vertreten. Diese sind scheu und fliehen auch bei vorsichtiger Annäherung früh. Weißbartgnus und Impalas ergänzen den Bestand häufiger ostafrikanischer Savannentiere. Gelegentlich kann man Elenantilopen in Herden bis zu hundert Tieren sehen.

Die Landschaft ist sehr abwechslungsreich. In den westlich der Hauptstraße gelegenen Trockengebieten herrscht typische Nyika-Vegetation vor. Beiderseits des Mkataflusses und besonders im Norden bei den Wasserlöchern, von denen Chamgore den meisten Besuchern bekannt ist, wechseln trockene Savannen und Sumpfgebiete mit großen Beständen an Borassuspalmen ab. Diese Palmenart mit einer bauchigen Verdickung am Stamm heißt in Suaheli *Mkumi*. Die Mehrzahlbildung ist – wie bei vielen Baumnamen in Suaheli – durch die Vorsilbe Mi- gekennzeichnet. Mikumi bedeutet also eine Vielzahl dieser Borassuspalmen, sie haben dem Nationalpark den Namen gegeben.

Östlich der Straße ist es bergig, hier beginnt das Miombowaldland. Zwischen der Gras- und Feuchtsavanne und dem Miombowaldland wachsen viele auffallend hohe, schlanke Bäume mit heller Rinde – Sterculien, auch Stinkbäumen genannt. Sie gehören derselben Gattung an wie der Kakaobaum. Der hoffnungslose Zustand der Wege und Straßen und die reparaturbedürftigen Brücken, die immer wieder zusammenbrechen und ein Weiterfahren unmöglich machen, erschweren allerdings den Besuch dieses sehenswerten Nationalparks.

■ Im *Selous-Reservat* ist das Boot ein wichtiges Safarifahrzeug. Eine Bootsfahrt auf dem Rufiji in diesem Reservat stellt jede andere in den Schatten: die auf dem Delta des Tanaflusses in Nordkenia, die in Mida Creek an Kenias Küste, die auf den Seen im Afrikanischen Graben, die auf dem Shirefluß in Malawi und auch die im Okavangodelta in Botswana.

Mit Motoren ungeheurer Lautstärke bringen die kleinen Kunststoffboote den Besucher den Rufiji aufwärts bis Stieglers Gorge, wo sich dieser große Fluß als tiefe Schlucht in das Plateau eingräbt. Bei der rasenden Fahrt flußaufwärts hat man kaum Gelegenheit, Tiere und Landschaft zu genießen, denn der Bootsführer mit vom Geschwindigkeitsrausch zum Lächeln verklärtem Gesicht lenkt das Boot nur in der Mitte des Flusses, und das ohrenbetäubende Geknatter der Motoren verhindert jedes Gespräch. Aber dann, in Stieglers Gorge, wird der Motor abgestellt und aus dem Wasser genommen, und das Unbehagen der Herfahrt verfliegt schnell.

Die plötzlich hereinbrechende Stille ist überwältigend. Ganz leise plätschert der träge fließende Rufiji. Der Ruf eines Schreiseeadlers dringt an die angestrengten Ohren, von fern hört man die rhythmisch schnarchenden Rufe der Flußpferde. Der Bootsführer hat jetzt ein Paddel in der Hand und lenkt mit größter Behutsamkeit das den Fluß langsam heruntertreibende Boot. Mal geht das Heck voran, mal treibt man seitwärts. Mit dem Paddel wird an flachen Stellen gestakt und unser Fahrzeug in Ufernähe bugsiert. Ein paar Stunden driften wir so auf diesem riesigen, flachen Fluß. Wir haben es in der Hand, ob wir uns auf dem linken Ufer einer Herde von grasenden Wasserböcken nähern wollen oder den Elefanten, die gerade auf der gegenüberliegenden Seite zur Tränke und zum Baden eintreffen. Warzenschweine kommen und gehen in schnellem Trab und mit antennenartig erhobenen Schwänzen. Nach ihrem Laufstil zu urteilen, müssen sie es eilig haben. Am Flußrand jedoch trinken sie in vollkommener Ruhe, das anschließende Suhlen kann man nur als genußvoll und träge bezeichnen.

Eine große Büffelherde watet ins Wasser, trinkt ausgiebig. Danach schreiten die Tiere wie bei einem Tattoo auf dem Weg zurück durch die Reihen der Neuankömmlinge. Mütter und Kälber blöken dabei in unterschiedlichen Tonhöhen. Am Ufer senkt sich langsam die Staubwolke, die diese Herde begleitet. Es empfiehlt sich, Gruppen von Flußpferden weiträumig zu umfahren. Dabei besteht allerdings die Gefahr, auf Sandbänken steckenzubleiben. Ein schönes Bild ist es, wenn die durch das Boot verscheuchten Langzehenkiebitze und Seidenreiher schnell auf die Sandbank zurückkehren.

An manchen Stellen hängt saftiges Gras vom Ufersaum ins Wasser. Einige Uferstreifen sind von Hufspuren verschiedener Hornträger übersät. Das sind offensichtlich Trinkstellen. Ein Löwenrudel döst ganz nah am Ufer unter einem abgestorbenen Baum. Von den Borassuspalmen an einer langen, sandigen Strecke hat etwa jede fünfte oder sechste eine Krone. Von den anderen ragen nur noch die Verdickungen in halber Höhe des Stammes in den Himmel. Manchmal stehen Baumstümpfe mitten im Fluß, unterhalb der Wasseroberfläche. Für die rasanten Bootsfahrten stellen sie nach Angaben der Bootsführer keine Gefahr dar. Diese scheinen jedes Hindernis im verzweigten Fluß zu kennen.

Während man beim Einfliegen mit dem Flugzeug einen unglaublich eindrucksvollen Überblick über dieses riesige Inlanddelta des Rufiji hat, verliert man bei der

Bootsfahrt leicht die Orientierung und weiß nicht mehr, in welchem Teil des sich verzweigenden Flusses oder in welcher weit in die Savanne einschneidenden Bucht man sich befindet. Es ist erstaunlich, wie gleichgültig die Tiere sind, wenn sich ihnen still und mit unauffälligen Paddelbewegungen ein Boot vom Wasser her nähert. Ab und zu vereinigen sich die Deltaarme wieder zu einem breiten Fluß. Nach einer Fahrt durch abgestorbene Akazienwälder, an unergründlichen, mit Papyrus und Schilf bestandenen Buchten vorbei, gelangt man erst mit dem letzten Licht wieder ins Camp.

Aber das alles ist nur ein Teil des Reservats, nur seine nordöstliche Region. Das übrige riesige Selous-Schutzgebiet ist nicht für den Tourismus erschlossen, es gibt nur einige mobile Camps für Großwildjäger. Hier findet noch in begrenztem Maße Jagd statt. Dieser unerschlossene Teil ist eine unermeßlich wichtige Zufluchtsstätte für die großen Tieransammlungen. In weiten Teilen herrscht Buschland, eben typische Nyika, vor, manchmal von offenen Grasflächen durchbrochen. Im Zentrum und im Südwesten wächst dichter Primärwald, darunter auch der Miombowald. Zahlreiche, oft sehr breite Flüsse ziehen sich durch das Gebiet, so der Ulangafluß mit seinen vielen Nebenflüssen, der sich mit dem Ruaha zum Rufiji vereinigt.

Dieses ganzjährig fließende Wasser ist neben der mannigfaltigen Vegetation Voraussetzung für eine artenreiche und zahlenmäßig große Tierwelt. Im Reservat, das so groß ist wie Niedersachsen, leben 150 000 Weißbartgnus und je 50 000 Büffel, Zebras und Impalas. Viele Arten unternehmen Wanderungen in Abhängigkeit von Regen- und Trockenzeiten, wenn auch nicht so systematisch wie in der Serengeti. Zebras und Elefanten bevorzugen das Grasland der Nyika fast das ganze Jahr über. Gnus und Büffel wandern großräumig, Warzenschweine gehen in der Regenzeit ins Grasland und verbringen die Trockenzeit im Busch. Die Wanderungen betreffen weniger die an den Busch gebundenen Großen Kudus und Ducker.

Im Selous-Reservat lebte einst die größte zusammenhängende Elefantenpopulation Afrikas, die hier noch immer ihre artgemäßen weiträumigen und unsystematischen Wanderungen unternehmen können. Trotzdem ist der Elefantenbestand drastisch zurückgegangen: 1977 lebten hier noch über 100 000 Elefanten, 1989 weniger als 30 000. Ursache dafür ist die Wilderei; trotz der Tatsache, daß Elfenbein mittlerweile mit einem Handelsverbot belegt ist. Der größte unwegsame Teil des Selous-Reservates hat allerdings die organisierte Wilderei erschwert. Das Selous-Reservat könnte auf Grund seiner geographischen Beschaffenheit, die für das Überleben des Afrikanischen Elefanten günstig ist, seinen ehemals hohen Stellenwert wieder erlangen. Lebende Elefanten, die von Touristen beobachtet und photographiert werden können, stellen eine Devisenquelle dar, die für ein an Bodenschätzen armes und landwirtschaftlich so wenig produktives Land wie Tansania lebenswichtig ist.

Der Süden des geographischen Großraumes der Nyika wird vom Miombowaldland geprägt. Hier liegt rauhes, ursprüngliches, ungebändigtes Afrika: der **Ruaha-Nationalpark**. Wer nicht mit einem Kleinflugzeug einfliegt, nimmt eine beschwerliche Reise dorthin auf sich. Aber die Zufahrt ist unvergeßlich. Zwei Routen führen zum Park. Einmal ein Teil der großen Nord-Süd-Achse, der ehemaligen Kap-Kairo-Route, von Arusha über Babati, Kondoa, Dodoma, Kisima nach Iringa (Straße A 107), und zum anderen die Teerstraße von Dar-es-salaam über Morogoro, Mikumi nach Iringa (Straße A 7). Die A 107 führt von Babati oder Kondoa durch die typische Nyika mit einem immer stärker werdendem Anteil von Miombowäldern. Auf der A 7 befindet man sich ab Morogoro in der Nyika, während der letzten hundert Kilometer vor Iringa fährt man durch Miombowald mit vielen eingestreuten Baobabs.

Auf beiden Straßen durchfährt der Besucher Städte, wie sie für das tansanische Hinterland nicht typischer sein könnten. Fußgänger tummeln sich auf den staubigen Straßen. Immer wieder faszinieren die grellbunten Farben der Kleider und die unterschiedlichsten Schnitte. Viele Frauen tragen einen riesigen Korb mit Gemüse oder Plastikflaschen mit Wasser auf dem Kopf, ein Kind schläft im Tuch auf dem Rücken und ein anderes wird an der Hand geführt. Sie kommen zu Fuß, per Anhalter oder in einem der hoffnungslos überfüllten Überlandbusse in die Stadt zum Markt. Zwischen ihnen wirken, auf hochhackigen Schuhen durch den Staub eilende Sekretärinnen oder Bankangestellte wie Kontrapunkte. Modisch schick und blütenweiß die Bluse, das Make-up makellos. Die vom Dornbusch der Nyika zerrissenen Hosen und staubig gewordenen T-Shirts der Männer vom Lande stechen ab von den perfekt gebügelten Hosen und der akkurat gebundenen, dezent gemusterten Krawatte der Vertreter des Dienstleistungsgewerbes auf dem Weg zur Post, zur Bank oder zu einem Geschäftspartner. Zusammengebundene, lebende Hühner unterm Arm, Ziegen an der Hand die einen, Aktenköfferchen

In die sogenannten Matatus, wie kleine oder mittelgroße Fahrzeuge für den Personentransport genannt werden, drängen sich so viele Menschen, wie darin nur irgend Platz haben. Der Fahrpreis wird vorher ausgehandelt. Gehalten wird nach Bedarf.

mit Zahlenschloß und Zeitung unterm Arm die anderen.

Allenthalben sieht man Kinder, die aus irgendeinem Grund nicht in der Schule sind. Samtäugige Mädchen wiegen etwas, das man gerade noch als Puppe erkennen kann. Rotznäsige Jungen schieben ein aus Draht gebasteltes Automodell vor sich her. Radfahrer klingeln aufgeregt, Autos hupen ohne Anlaß, vor jedem dritten Haus klappert eine von nackten Füßen getretene Singer-Nähmaschine. Urafiki-Bar nennt sich der Raum mit einem riesigen Kühlschrank und wenigen Hockern. Aus einem Transistorradio dudelt Musik und unterbindet jede Notwendigkeit und jede Möglichkeit zu Gesprächen. Gegenüber das New Capital Hotel. Durch die als Tür gedachte Öffnung sieht man in die fensterlose Lobby, aus der gerade ein kleines Ferkel herausläuft, das damit anzeigt, daß die Reklame *First Class Lodging* für durchreisende Moslems wenig einladend sein dürfte.

Niemand hier hat es eilig. Mit weit ausladender Armbewegung schlagen zwei Freunde zur herzlichen Begrüßung die Hände gegeneinander. Auch nach einer Stunde können die beiden noch immer an derselben Stelle stehen und mit unverminderter Heftigkeit reden. Das Tanken ist hier nicht so einfach. Die Zapfsäule ist manchmal defekt. Aber mit einem Schlauch läßt sich aus einem hochgestellten Benzinfaß durch einen Trichter Kraftstoff in den Tank füllen. Die Menge wird geschätzt und der Preis ohne Feilschen bezahlt.

Es ist fraglich, wie groß die Käuferschicht für ostasiatische optische Präzisionsprodukte in Tansania ist. Selbst in Iringa, einer geschäftigen Distriktstadt im Süden des Landes, dürfte der Umsatz gering sein.

Die offizielle Hauptstadt **Dodoma** gleicht einer großen Baustelle. Überall sind Ministerien und Behörden geplant, mit deren Bau man eben begonnen hat oder den man – aus Geldmangel – gerade aufgegeben hat. Es ist schon viele Jahre her, daß die Regierung beschloß, den Regierungssitz von Dar-es-salaam an der Küste ins Innere des Landes, ins Zentrum Tansanias zu verlegen. Aber diese Absicht ist immer noch nicht verwirklicht. Dodoma ist eine alte deutsche Missionsstation. Zur Überraschung entdeckt man an den Hängen der umliegenden Berge Rebstöcke. Die Patres der Mission haben hier im vorigen Jahrhundert den Weinbau erfolgreich versucht, und auch heute noch kann man dort Dodomawein trinken.

Als wir vor 25 Jahren das erste Mal in die Atmosphäre solcher tansanischen Städte eintauchten, sprach man mit uns und teilweise auch untereinander Englisch. Heute findet man es nicht nur selbstverständlich, uns in Suaheli anzureden, sondern erwartet auch von uns die Kenntnis der Landessprache. Um Dodoma herum leben die Wagogo, in Morogoro die Waluguru und um Iringa die Wahehe. In den Städten lebt ein Gemisch von Afrikanern, für die nicht mehr ihre Muttersprache, sondern das Suaheli die Lingua franca ist. Sie alle sind meistens fröhlich, freundlich und ungewöhnlich hilfsbereit. Einmal fragen wir, wie man zum Postamt oder einem Laden kommen kann, in dem wir Taschenlampenbatterien kaufen können. Es ist zu schwierig, uns das zu erklären, der Gefragte will uns deshalb hinführen. Er würde auch vorauslaufen, wenn wir ihm nicht einen Platz im Fahrzeug anböten. Er lehnt es ab, zurück- oder dorthin gefahren zu werden, wohin er gerade gehen wollte. Freilich nimmt er ein paar Schillingscheine oder ein paar Zigaretten als Dank an. Er sieht darin nicht einen Lohn für seine Arbeit, sondern den Ausdruck unserer Freundlichkeit.

Während unser Fahrer sich gerade in einer Schlachterei Ziegenfleisch kauft, werden wir von uns plötzlich umringenden Leuten gefragt, woher wir kommen, wohin wir wollen und wie denn das Wetter in unserem Lande sei. Armbänder, Ketten, Schnitzereien, Speere, Erdnüsse, Bananen oder ein Huhn werden uns angeboten mit nachhaltigen Anpreisungen der Qualität und des sehr günstigen Preises. Fast immer bittet jemand in aller Bescheidenheit um einen *Lift* in irgendein zweihundert Kilometer entferntes Dorf. Daß wir in unserem Fahrzeug keinen Platz mehr hätten, löst ungläubiges Staunen aus, denn statt fünf Personen könnte dieser Landcruiser doch ohne Schwierigkeiten zwölf transportieren. Unser Fahrer fährt dazwischen, so könnten *Wazungu* wie man alle Weißen auf Suaheli nennt, einfach nicht reisen, die brauchten mehr Platz, zum Photographieren, zum Schlafen und überhaupt.

Der *Ruaha-Nationalpark* ist von Iringa aus über eine streckenweise schnurgerade, durch unbesiedeltes Buschland über 120 Kilometer führende Piste zu erreichen. Dann überquert man den Ruahafluß mit einer Fähre, bei deren Anblick man sich wundert, daß sie die zwei oder drei Fährleute überhaupt trägt. Alte Ölfässer mit darüber befestigten Holzplanken sind die Bauelemente dieses Wasserfahrzeugs. Über den Fluß ist ein Drahtseil gespannt, an dem die Fähre mit Seilen befestigt ist, damit sie nicht flußabwärts treibt, wenn der Fluß eine kräftige Strömung hat. Mit dicken, frisch geschlagenen Holzprügeln, an deren Enden eine tiefe Kerbe eingeschnitten ist, hangeln die Fährleute das Fahrzeug mit Muskelkraft am Seil hinüber. Wir verlassen uns immer blind auf ihre Anweisung, wie wir das Lenkrad zu drehen haben.

Tena! Tena! rufen sie, also weiter, weiter! Schließlich erhebt der Einweisende schlagartig beide Hände: *Basi!* – alles klar!

Atemberaubend ist diese rauhe Flußlandschaft mit den Bergen in der Ferne. Der Dunst wirkt wie ein Weichzeichner. Es ist heiß, aber die Trockenheit und der ständige sanfte Wind lassen es einen nicht als unerträglich empfinden. Und wenn man auf dem Weg ins Camp eine kleine Herde Rappenantilopen sieht oder wenn in der Ferne Elefanten trompeten, dann weiß man, daß sich die beschwerliche Reise gelohnt hat.

Buschland herrscht hier vor, aber auch bewaldete Grassavannen bedecken die sanft gewellten Hügel. Mehr als in anderen Schutzgebieten Tansanias wüten hier Buschfeuer. Manchmal bleibt das Feuer, das Honigwilderer beim Ausräuchern von wilden Bienenstöcken entzünden, ungelöscht, weil die zahlreichen Bienenstiche die Wilderer schmerzen und sie die Waben schnell fortschaffen wollen. Auch der Blitz wird als Feuerursache genannt. Erstaunlich ist, wie schnell sich nach einem Brand die schwarze Fläche mit frisch sprießendem Grün überzieht. Als wir bei einem unserer Besuche in Ruaha ankamen, war eine riesige Fläche am Fluß schwarz, die umgefallenen, verbrannten Bäume hatten in weißer Asche ihre exakten Silhouetten auf den dunklen Untergrund gezeichnet. Beim Verlassen des Parks nach zwei Wochen war dieselbe Fläche grün wie ein eben aufgekeimtes Getreidefeld. Hier leben Impalas, Büffelherden, Zebras, Pferdeantilopen, Kronenducker und Steinböckchen. Grantgazellen haben hier ihr südlichstes Vorkommen in Afrika.

Die Flußufer sind beiderseits flach, zum Teil schneidet der Fluß tief in die Landschaft ein, Felsbarrieren durchziehen das Flußbett und erzeugen stellenweise kleine Kaskaden und Stromschnellen. Riesige Krokodile, beträchtliche Ansammlungen von Flußpferden und eine große Artenzahl von Wasser- und Watvögeln bevölkern Sandbänke und Ufersaum. Wasserböcke weiden hier und dort, und im Gebüsch schreckt man einen ruhenden Buschbock auf.

Große Kudus kann man sehen, wenn man den Mwagussi-Sandfluß aufwärts fährt. Sie sind immer mit dem Vorkommen von Tsetsefliegen kombiniert, deren Dichte schließlich bestimmt, wann der Besucher umkehrt. Giraffen und Elenantilopen begegnen uns, Wasserböcke stehen im staubigen Flußbett. Elefanten graben hier nach Wasser, und die Paviane warten schon, daß die grauen Riesen das Feld räumen, damit auch sie ans Wasser kommen können. Irgend etwas bellt einmal in der Ferne. Das könnte der Warnruf eines Buschbocks sein. Hört man jedoch ganze Reihen von diesen Rufen, so ist es klar, daß ein Zebrahengst ein verlorengegangenes Familienmitglied ruft, um es in die Familie zurückzuführen. Löwen sind nicht selten, Leoparden sind so scheu wie immer, und für Geparden ist das Land zu wenig offen, als daß man hier viele zu Gesicht bekäme. Schakale laufen überall umher, und nachts hört man im Camp Hyänen kichern und keckern. Die große Attraktion sind zweifellos die Elefanten. Glücklicherweise – aus Sicht der Tiere – ist nur ein kleiner Teil des Ruaha-Nationalparks den Besuchern zugänglich. Noch viel größer als der erschlossene Teil ist das Gebiet, das sich im Norden als *Rungwa-Schutzgebiet* und östlich davon als *Kisigo Reservat* anschließt.

Die Nyika erweist sich also nur für den Menschen als lebensfeindlich und abweisend. Afrikas Tierwelt hat hier ihr großes Refugium.

Der Speisezettel der Elefanten ist sehr umfangreich. Ihre Hauptnahrung besteht aus Gräsern. Wenn diese knapp werden, verzehren Elefanten aber auch Kräuter, Blätter von Büschen und Bäumen und eine Reihe von Früchten.

Wenn ein einzelner Elefant in der Mittagshitze den Schatten eines großen Baumes zum Dösen aufsucht, muß es sich um einen Bullen handeln, denn Kühe leben stets in Familienverbänden.

Elefanten sind nicht sehr aggressiv. Wenn aber der Rüssel unten eingerollt und hinter die Stoßzähne zurückgenommen wird, ist die Drohung ernster, und man muß mit einem Angriff rechnen.

In der Mittagshitze suchen fast alle Tiere den Schatten. Diese beiden Masaigiraffen finden ihn hinter dem mächtigen Stamm eines Affenbrotbaumes.

Die in Tansania vorkommende Giraffenunterart heißt Masai- oder Weinlaubgiraffe. Die Tiere leben in kleinen Familiengruppen, die sich jedoch oft aufspalten, um sich mit Mitgliedern anderer Familien zusammenzuschließen.

Diese Masaigiraffe zeigt den typischen Paßgang ihrer Gattung: Die Beine einer Seite werden dabei gleichzeitig nach vorn bewegt, während die der anderen Seite auf dem Boden bleiben.

Die Vielgestaltigkeit der Uferregion des Rufiji hat ihre Ursache darin, daß der Fluß periodisch über seine Ufer tritt und das Land bewässert und düngt. Deutlich erkennt man die tief in die Vegetation eingetretenen Wechsel: dies sind die Straßen der Tiere.

Den Besucher des trockenen Selous-Reservates überrascht der wasserreiche Rufiji. An manchen Stellen ist dieser Fluß ein breiter Strom, anderswo verzweigt er sich in zahlreiche Arme, zwischen denen flache Sandbänke oder kleine Inseln liegen.

Seit der Handel mit Krokodilleder durch internationale Abkommen eingeschränkt ist, haben die erdgeschichtlich sehr alten Echsen wieder eine Chance, der Ausrottung zu entgehen.

Die mächtigen Kaffernbüffel sind reine Grasfresser. Üppige Weiden mit saftigen grünen Gräsern und Wasser zum täglich notwendigen Trinken und Suhlen sind so recht nach ihrem Geschmack.

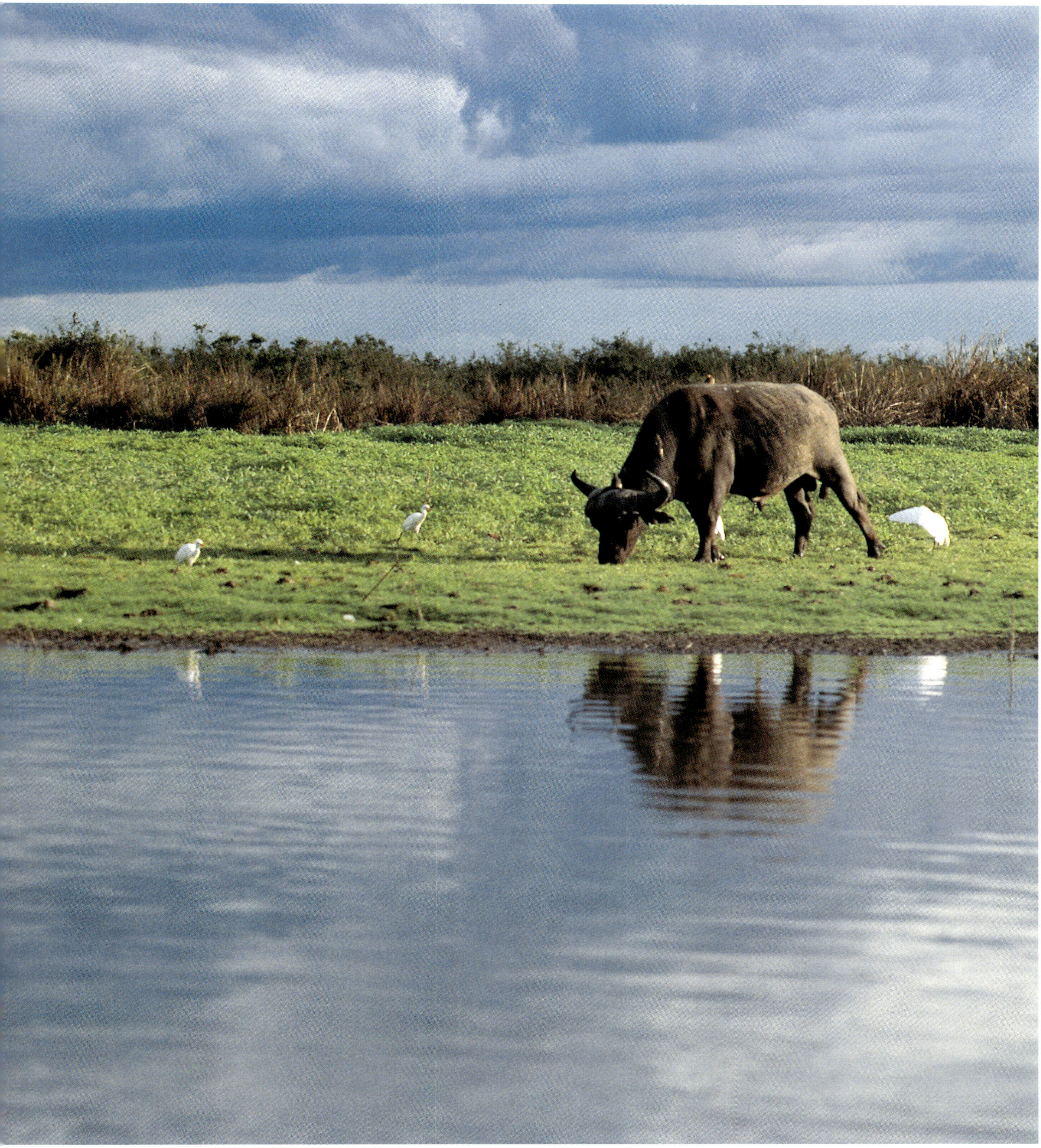

Den größten Teil des Tages stehen Flußpferde in Familiengruppen auf dem Grund flacher Gewässer.

Der wissenschaftliche Name *Hippopotamus amphibius* deutet schon darauf hin, daß Flußpferde amphibisch leben, also sowohl im Wasser wie auch auf dem Land zu Hause sind. Diese große Gruppe wird sich bald zum nächtlichen Grasen an Land aufmachen.

Die Kolosse sind schon an Land flinker, als man ihnen zutraut, im Wasser aber sind sie zu blitzschnellen furiosen Attacken fähig, wenn ihnen irgend etwas Verdächtiges oder ein Rivale in die Quere kommt.

In der Einförmigkeit der lebensfeindlichen Nyika ragen riesige Affenbrotbäume empor. Ihr mineralienreicher Stamm mit seinem weichen, wasserhaltigen Holz wird von Elefanten mit den Stoßzähnen aufgefasert und gern gefressen. Zebras hingegen bevorzugen Gras.

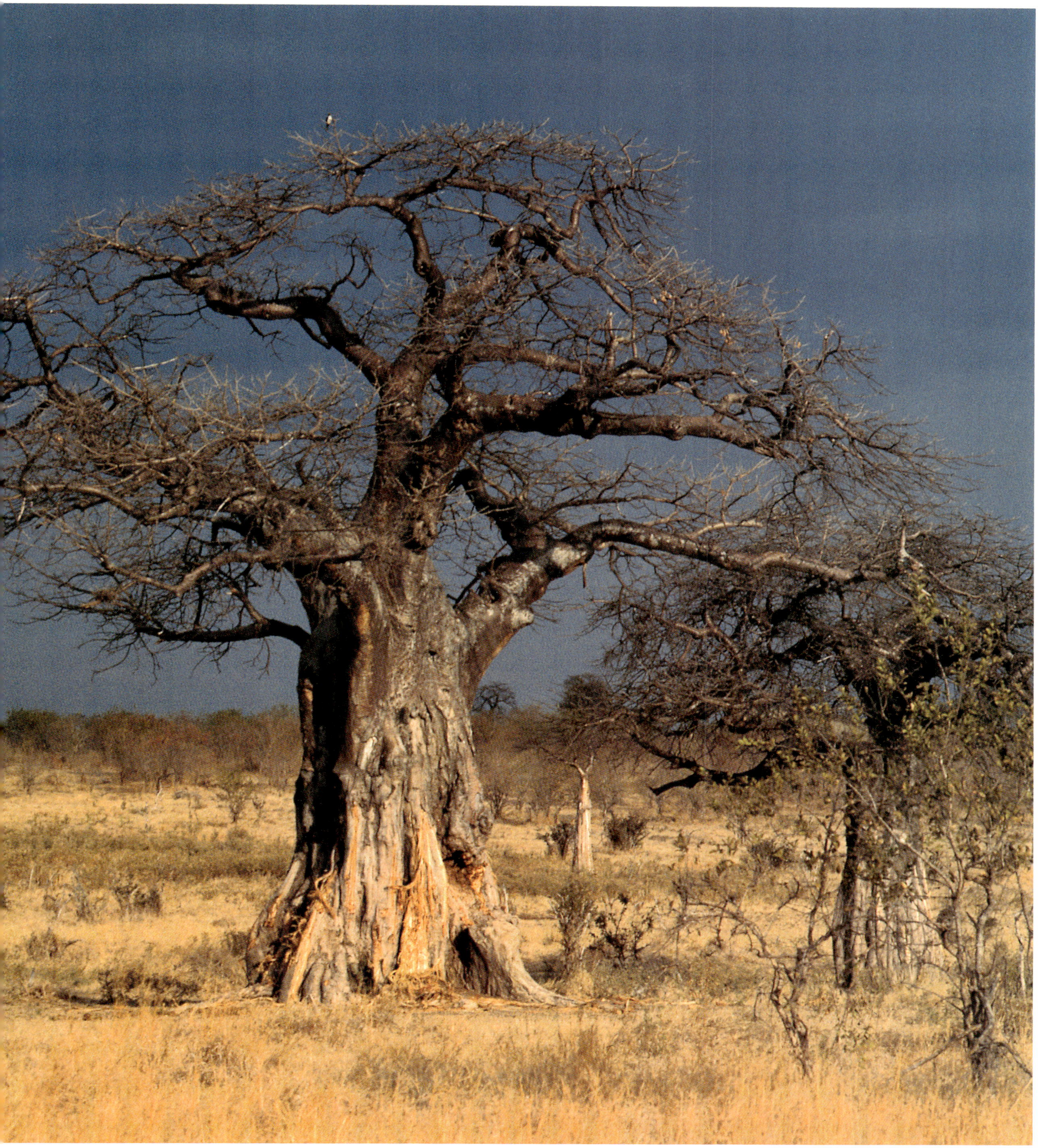

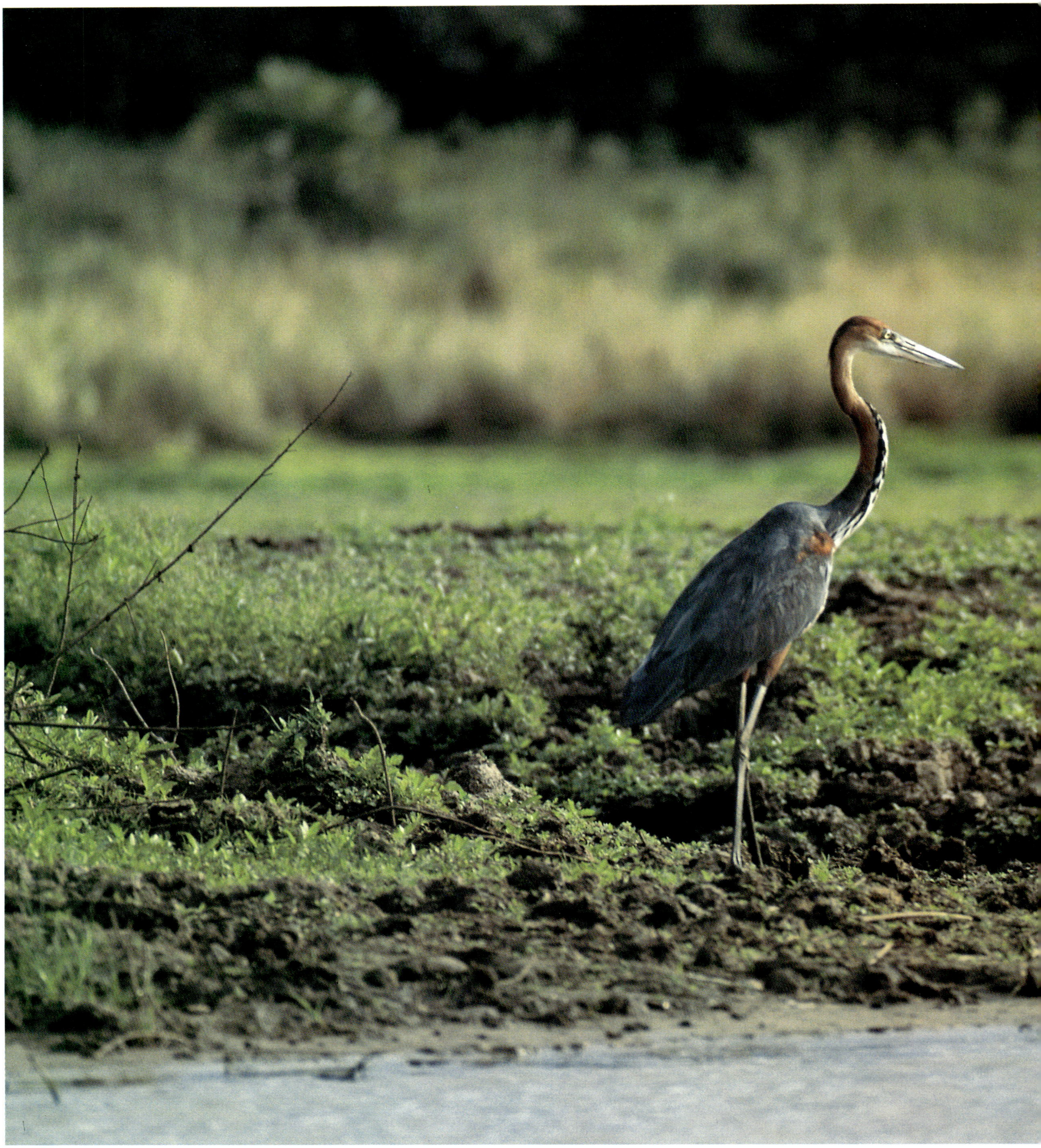

Der größte aller Reiher ist der imponierende Goliathreiher. Er ist streng ans Wasser gebunden, an Land schreitet er mit großen majestätischen Schritten, sein Flug wirkt mit langsamen Flügelschlägen behäbig.

Überall, wo es in Ostafrika Wasser gibt, trifft man auf den imponierenden Schreiseeadler. Sein mehrsilbiger, in Kadenzen abfallender Ruf gehört zu den unvergeßlichen akustischen Eindrücken Afrikas. Die Erinnerung daran weckt die Sehnsucht nach dem Schwarzen Kontinent.

In der Trockenzeit führt der Ruaha nur noch wenig Wasser. Aus den verbleibenden Rinnsalen ragen zahlreiche kleine Inseln hervor, auf denen in wenigen Tagen grüne Vegetation emporsprießt. Der Fluß ist von trockener Buschsavanne umgeben.

Der unverletzte Stamm mit der glänzenden, blanken, silbrigen Rinde des Affenbrotbaumes zeigt, daß es in diesem Gebiet seit Hunderten von Jahren keine Elefanten mehr gegeben hat.

Diese Wüsten- oder Impalarose setzt ihre kräftigen Farbtupfer zu einer Zeit in die Buschsavanne, in der alle anderen Pflanzen noch grau und trocken sind. Ihr Saft wird zum Vergiften von Pfeilen benutzt.

Die Farben der Abendsonne lassen die Trockenheit des Landes nicht erkennen. Die letzten Strahlen verwandeln den weitverzweigten Ruaha mit seinen Buchten, Nebenarmen und silhouettenartigen Bauminseln in eine goldene Flußlandschaft.

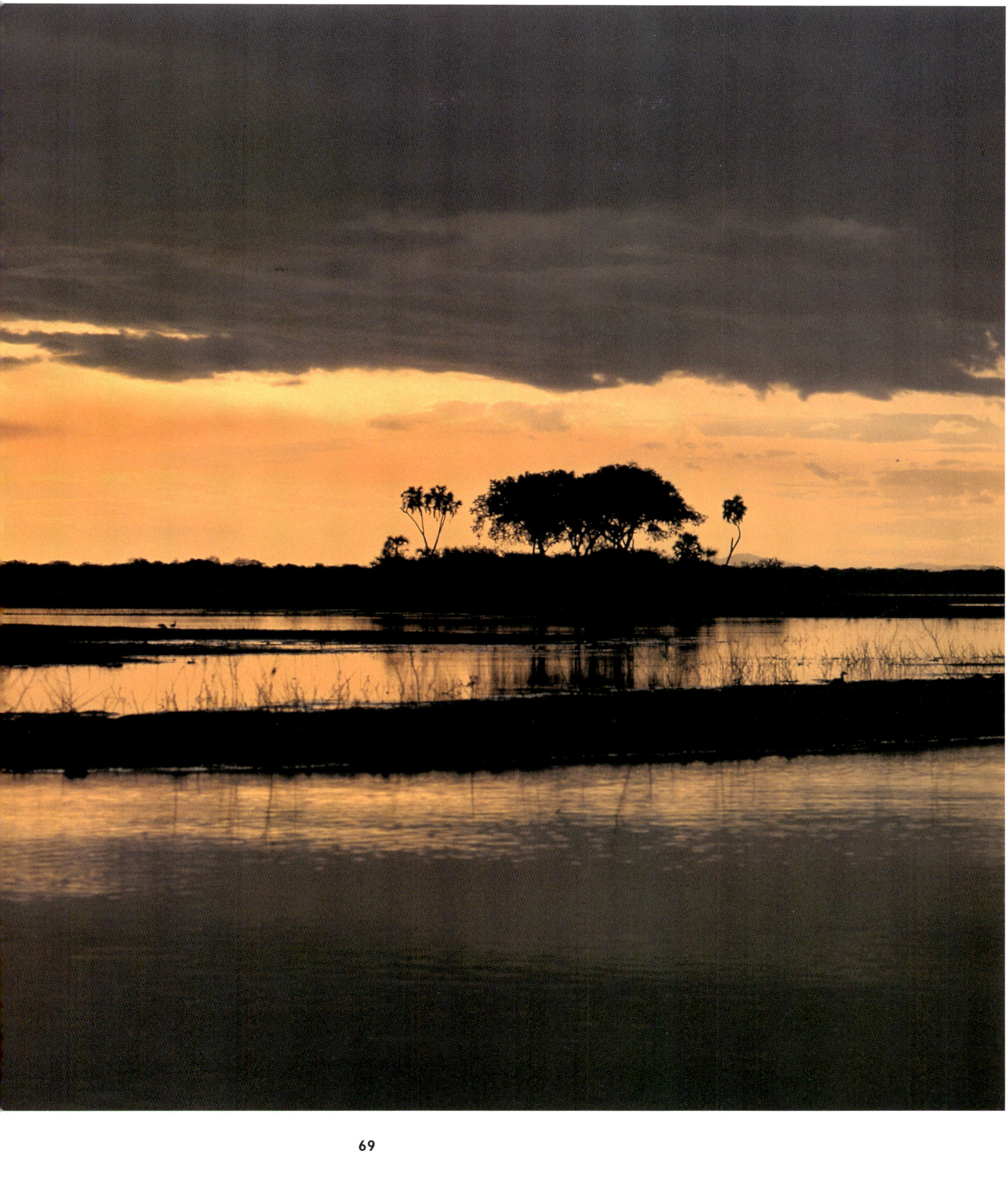

Die weit auseinanderstehenden Hornenden zeigen an, daß dieser ruhende Wasserbock bereits ein hohes Alter erreicht hat. Wasserböcke sind sehr ortstreu und nie mehr als fünf Kilometer vom Wasser entfernt anzutreffen.

Weißbartgnus müssen ausgezeichnete Läufer sein. Flucht ist für sie die wichtigste Verteidigungswaffe gegenüber den vielen Raubtierarten, die ihnen nachstellen. Viele von ihnen müssen große Wanderungen unternehmen, um zu den Weidegründen zu gelangen, an denen es noch genügend Gras gibt.

Diese beiden Impalaböcke (Schwarzfersenantilopen) sind – erkennbar an ihren Hörnern – schon zu alt, um noch in der mütterlichen Familie geduldet zu werden, aber noch zu jung, um ein eigenes Territorium zu erwerben.

▬ Früher lebten einige Masai-Familien ständig auf dem Boden des Ngorongorokraters. Heute dürfen diese Viehnomaden nur mit besonderer Genehmigung der Verwaltung des Schutzgebietes für bestimmte Zeit ihre Viehherden zur Tränke den Krater herunter- und anschließend sofort wieder heraustreiben. Kaum jemand hindert sie jedoch, wenn sie – freilich nur kurzfristig – ihr Vieh dort auch ein wenig weiden lassen.

Die Macht der Lava – das Kraterhochland

Vom Ostafrikanischen Graben oder vom Manyarasee wie auch von der Serengeti kommend, führt uns der Weg langsam, aber stetig aufwärts ins **Kraterhochland**. Wir sehen es während der Auffahrt schon aus fünfzig oder sechzig Kilometer Entfernung langsam näher kommen. Es sieht wuchtig und massiv aus, an regnerischen Tagen sogar bedrohlich, selbst bei strahlender Sonne fehlt ihm die Heiterkeit, die den flirrenden Flächen der Grassavanne eigen ist. Es wirkt immer düster. Im Süden des Massivs erkennen wir den Oldeani, noch weiter dahinter den Lemagrut, weiter nach Norden, näher am Grabenbruch und südlich des Oldoinyo Lengai die höchste Stelle des Loolmalasin. Für den gesamten Ostteil des Serengeti-Nationalparks ist das Kratermassiv eine verläßliche Landmarke, an der man sich in den weiten Ebenen gut orientieren kann.

Der flaschengrüne Bergwald des Kraterhochlandes wird durch tief eingeschnittene Täler strukturiert. Wenn das Ngorongoromassiv näherrückt, wirkt es wegen des Kraterrandes oben abgeplattet. Spätestens wenn wir einen der Aussichtspunkte am Kraterrand erreicht haben und dort aussteigen, befällt uns regelmäßig eine ergriffene Sprachlosigkeit. Sie gilt – immer wieder – der Erhabenheit dieser Landschaft, dem schroffen Nebeneinander von flechtenbehangenen Bergwäldern hier oben und den goldenen Grasflächen, üppig grünen Sümpfen und dem glitzernden See unten auf dem Boden des Kraters. Bei jedem Besuch fasziniert dies von neuem.

Der Ngorongorokrater ist im geologischen Sinn eigentlich kein Krater, sondern eine Caldera, und zwar die größte Caldera der Erde. Aber man muß hinzufügen: die größte nicht mit Wasser gefüllte und mit einem ringsherum geschlossenen, nicht streckenweise eingestürzten Rand. Die Kenntnis einiger Einzelheiten des Vulkanismus hilft, die vielen verschiedenen Landschaftsformen im Kraterhochland zu verstehen.

■ Um einen festen inneren Eisenkern schichten sich flüssige Mineral- und Gesteinsschichten, die von 4300 °C im Erdinnern nach außen hin immer kälter werden. Die flüssige Magmaschicht liegt grob gesagt einhundert bis dreihundert Kilometer tief unter der Erdoberfläche. Magma ist geschmolzenes Gestein mit Temperaturen von etwa 1100 °C. Silicium-, Aluminium-, Eisen- und andere Metalloxide gehören zu den Hauptbestandteilen des von Ort zu Ort unterschiedlich zusammengesetzten Magmas. Die Wärme, die benötigt wird, um das Magma bei dieser Temperatur zu halten, liefert der natürliche Zerfall radioaktiver Elemente, also jener Vorgang, den wir mit dem Schlagwort Atomenergie benennen. Zum Flüssigwerden oder Flüssigbleiben der Gesteinsschmelzen ist aber neben hoher Temperatur auch hoher Druck notwendig, wie er in der Tiefe durch die darüber liegenden Massen ausgeübt wird.

Damit es zu einem Lavaausbruch kommt, in welcher Form er sich auch immer abspielen mag, muß die aus festem Gestein bestehende Erdkruste dem heißen Magma einen Weg freigeben. Die Voraussetzungen dafür sind gegeben, wenn die Kruste dünn und der Druck unter ihr hoch ist. Nun reicht der Druck dünnflüssigen Magmas allein oft nicht aus, sich den Weg nach oben zu bahnen, vielmehr sind es häufig sich ausdehnende Gase, die das Magma an die Erdoberfläche drücken. Am ruhigsten geht es bei einem Vulkanausbruch zu, wenn das Magma wenig Wasser und wenig Kieselsäure enthält. Dann fließt es nach Erreichen der Erdoberfläche langsam nach allen Seiten ab. Ist viel Wasser in der Lava, bilden sich Dampfblasen, deren Druck steigt, je weiter sich das von unten an die Oberfläche fließende Magma der Öffnung nähert. Das viele Wasser sorgt für den dramatischen Ausbruch eines Vulkans mit Feuerfontänen, in denen auch große, noch flüssige Lavamassen herausgeschleudert werden.

Magma, das wenig Wasser, aber viel Kieselsäure enthält, quillt zäh aus der Erdöffnung heraus und erkaltet meist, bevor es sich seitlich ausbreiten kann. Wenn gleichzeitig sowohl viel Kieselsäure als auch viel Wasser im Magmastrom sind, werden Gesteinsbrocken aus dem Krater geschleudert. Dann wird der Ausfluß des Magmastroms durch Abkühlung und zähflüssiger werdende Kieselsäure phasenweise verstopft. Das erhöht den Druck, und die Wasserdampfansammlungen sprengen den Pfropf und die Umgebung des Schlotes an seiner Austrittsstelle. In der Nähe solcher Vulkane liegen dann viele, inzwischen abgekühlte sogenannte Lavabomben.

Wenn aus einem Loch in der Ebene zum ersten Mal Lava fließt und erkaltet, entsteht ein sanfter Hügel. Nach weiteren

Bananen werden in Afrika keineswegs roh verzehrt. Vielerorts stellen sie in gekochtem Zustand ein Grundnahrungsmittel dar. Diese besonderen Bananensorten sind nicht süß und werden auch zum Brauen eines alkoholreichen Bieres verwendet.

Ausbrüchen oder bei Fortdauer ein und desselben Lavastroms wächst hier ein Kegel, weil die Lava nach allen Seiten gleichmäßig ausströmt. Wenn zwischen den Ausbrüchen längere Zeiträume liegen, kann die inzwischen erkaltete und erstarrte Lava wieder durch Pionierpflanzen und später durch nachfolgende höhere Pflanzen besiedelt werden, die dann auf der Lava eine Erd- und Pflanzenteilschicht bilden. Beim nächsten Ausbruch wird diese Schicht abermals mit Lava zugedeckt. Derselbe Vorgang kann sich mehrfach wiederholen, so daß im Querschnitt hier eine Schicht auf der anderen liegt. Ein solcher Vulkan wird Schichtvulkan genannt. Eine andere Form der Schichtung entsteht, wenn abwechselnd flüssige Lava und vulkanische Asche die Hänge eines Vulkanberges bedecken. Ein so entstandener Vulkankegel kann seine Spitze verlieren. Sie kann bei einer besonders massiven Eruption fortgeschleudert werden, weil der Schlot verstopft ist. An der Spitze des Kegels sind die erkalteten Lavamassen früherer Ausbrüche dünner als an der Basis. So explodiert die Spitze, es bleibt ein Krater zurück.

Die Spitze des Kegels kann aber auch in sich zusammenbrechen und in die unter dem Vulkan befindliche leere Kammer herabsacken, aus der Magma herausgeschleudert oder herausgelaufen ist. Zudem kann Lava aus tieferen Schichten durch einen anderen Abfluß in Form sogenannter Flankeneruptionen an den Hängen des Vulkans ausströmen und damit den Druck unter den obersten Lavaschichten vermindern. So mag sich der Magmastrom an der Basis eines Vulkans waagerecht vom Schlot fortbewegen und an anderer Stelle, kilometerweit entfernt, erst die Oberfläche in Form eines neuen kleinen Vulkans erreichen. Auch in dem Fall besteht die Möglichkeit, daß die Spitze des Vulkans einsinkt und nur die äußeren, erstarrten harten Wandungen stehenbleiben. Dann spricht man von einer Caldera, wie wir sie im Ngorongorokrater und an anderen Stellen des Kraterhochlandes vorfinden.

Eine ganz andere Form von vulkanisch entstandenem Berg haben wir vor uns, wenn ein besonders harter Lavapfropf im Innern seines Schlotes erstarrt und jetzt über sehr lange Zeit keine erneuten vulkanischen Ausbrüche stattfinden. Dann ist es möglich, daß die äußeren Partien des Vulkankegels von Wind und Wetter abgetragen werden und nur der sehr harte, allen Verwitterungen widerstehende Lavapfropf – oft als Härtling bezeichnet – stehenbleibt. Am Kilimanjaro haben wir nebeneinander anschauliche Beispiele: der Kibogipfel ist eine Caldera, während der Mawenzigipfel ein stehengebliebener Lavapfropf ist, der aus Lava härterer Qualität besteht.

■ In den *Ngorongorokrater* darf man nur mit allradgetriebenen Fahrzeugen hinunterfahren. Viele Jahre waren allein die zur Verwaltung der Ngorongoro Conservation Unit gehörigen Fahrzeuge zugelassen, inzwischen darf man auch mit eigenen oder gemieteten Autos hinein. Bequem sind Ab- und Auffahrt wirklich nicht. Das Fahrzeug scheppert und klappert, und jedesmal halten wir zwei- oder dreimal in irgendeiner Haarnadelkurve der serpentinenartig angelegten Straße den Atem an, weil zwischen Steilhang und hangseitigen Rändern kein Fuß mehr Platz hat. Wir lassen den Blick dann immer in den Krater hinunterschweifen und verdrängen die Gedanken an solche Gefahren wie das Abbröckeln von Felsen.

Völlig zu Recht wird der Ngorongorokrater als achtes Weltwunder bezeichnet. Die paradiesische Idylle hier unten auf dem Kraterboden ist kaum mit irgendeinem anderen Platz zu vergleichen. Am schönsten ist es, wenn man im Zelt unten übernachtet und hier Sonnenauf- und -untergang miterlebt. Der wie eine Suppenschüssel erscheinende riesige Krater, die überwältigende Tierwelt mit 25 000 Stück Großwild auf einer Fläche von 12 mal 18 Kilometern, die geographische Struktur mit den Grassavannen, der Mungefluß, der Leray Forest aus Fieberakazien mit den gelben Rinden, die ried- und papyrusbestandenen Sümpfe und der alkalische, silbrig schimmernde, von Flamingos rosa getupfte See schlagen den Besucher in den Bann. Jeder dieser Eindrücke für sich wäre schon einzigartig, doch in der Kombination überhöht sich alles zu einem unvergeßlichen Eindruck.

Ein beeindruckendes Schauspiel stellt ein Gewitter hier im Krater dar. Die Sonne verschwindet ganz schnell hinter düsteren Wolken. Schon blenden grell zuckende Blitze. Der ihnen sofort folgende grollende Donner wird vom Ringwall des Kraters zurückgeworfen und kommt von der gegenüberliegenden Wand noch einmal als Echo zurück. Regen prasselt in kirschgroßen Tropfen vom inzwischen schwarzblauen Himmel, und der Boden zittert bei Blitz und Donner. Es riecht nach Erde, Gras und Zebramist. Die Savannentiere stehen dicht bei dicht, mit dem Rücken dem Wind und Regen entgegen, sie triefen vor Nässe und zeigen keinerlei Aktivität. Nicht einmal die ewig hungrigen Zebras grasen weiter. Nach etwa zwanzig Minuten ist das überwältigende Spektakel vorbei.

Märkte unter freiem Himmel, oft im Schatten mächtiger Bäume, dienen keineswegs nur dem Kaufen und Verkaufen von Waren. Sie sind vielmehr Orte sozialer Begegnungen für die Menschen einer Region.

Die heiße Sonne trocknet in wenigen Minuten wieder alles, was naß geworden ist, die Felle der Tiere und die schlammigen Fahrwege. In der ersten Sonne nach einem solchen Gewitter dampft die Erde, dampfen Gras und Busch und dampfen die Felle der Tiere. Die Safari kann fortgesetzt werden.

Es gibt viele Löwen, große Clans von Hyänen, etliche Geparden, Leoparden, selten einmal Hyänenhunde und viele, viele Schakale im Ngorongorokrater. Sie alle brauchen Fleisch, sie alle sind bei der Nahrungsaufnahme blutbeschmiert. Sie jagen selbst oder nehmen anderen Jägern die Beute ab.

Ist der Ngorongorokrater ein Paradies? Ist die Natur ein Gefüge des Grauens? Fressen und Gefressenwerden ist zweifellos die Devise überall in der Natur, aber grausam ist dies nicht. Grausamkeit beim Töten oder Verletzen setzt das Bewußtsein der Tat voraus, dazu ist nur der Mensch fähig. Wenn Tiere töten, geschieht das ohne moralische Bewertung. Trotzdem könnten unparadiesische Furcht und unfriedliche Angst die Szene beherrschen. Gerade dafür aber gibt es keine wissenschaftlich belegten oder bei der Beobachtung erkennbaren Hinweise. Es macht sich in Schilderungen der Natur gut und wirkt auf manche Menschen kompetent, davon zu sprechen, daß die Tiere in ständiger Angst vor ihren Freßfeinden lebten und nie zur Ruhe kämen. Nach allem, was wir von den Tieren gesehen und auch gelesen haben, sind Angst, Furcht und Schrecken nur kurze Episoden, die ein über weite Strecken sorgloses und angstfrei ablaufendes Leben unterbrechen. Eine ruhende kleine Gruppe Kongoni, eine grasende Herde Thomsongazellen oder eine in langer Reihe zur Tränke ziehende Kolonne Gnus leben nicht in Angst und Schrecken.

Gewiß, sie sind aufmerksam und vorsichtig. Nicht alle trotten hintereinander her, einige sichern nach vorn, einige nach hinten, andere nach links und rechts. Nicht alle schlafen, ein oder zwei Tiere wachen. Nicht alle grasen, zwei oder drei Tiere blicken in die Runde. Huftiere ›erziehen‹ ihre Jungen ja auch zur Gruppendisziplin, weil sie im Rudel Schutz und Sicherheit finden. Nein, Angst, Schrecken und Grausamkeit sind keine Dimensionen der Natur.

Gerade hier im Ngorongorokrater mit seiner Tierkonzentration finden wir diese Überlegungen immer wieder bestätigt. Eine Gruppe von sechs oder acht Hyänen trottet zum Rande des Sodasees, um sich dort ins flache Wasser zu legen. Auf dem Weg dorthin gehen sie mitten durch eine Herde Gazellen. Beide Parteien beachten einander nicht, obwohl Hyänen zu den typischen Freßfeinden dieser Hornträger gehören. Die Grantgazellen erkennen, daß die Hyänen satt und damit ungefährlich sind.

Flußpferde haben den Weg über den Kraterrand bis auf die Kratersohle gefunden. Sie leben in einigen kleinen Tümpeln und Sümpfen. Elefanten haben keine Schwierigkeiten, die steilen Hänge zu überwinden. Trotzdem ist ihre Zahl selten über die drei Dutzend gestiegen, die auf dem Kraterboden leben. Büffel wandern in riesigen Herden ein und aus. Giraffen können die steilen Hänge nicht überwinden, man wird also im Krater vergeblich nach ihnen Ausschau halten. Die etwa zwanzig Nashörner, die es heute noch im Krater gibt, sind hier relativ sicher vor Wilderern. Keine andere Großtierart ist einer so unbarmherzigen Verfolgung ausgesetzt wie die fünf Nashornarten auf der Erde. In Tansania kommt nur das Schwarze oder Spitzmaulnashorn vor. Das Horn wurde dieser Art zum Verhängnis. Im Jemen macht man daraus Handgriffe für die Dolche reicher Männer, in China wird es pulverisiert als Mittel gegen Fieber oder zur Förderung der Manneskraft benutzt.

Bei der Ausfahrt aus dem Krater lohnt es sich, wo immer die steile Strecke es erlaubt, einmal anzuhalten, den Blick zurückzuwenden und sich zu erinnern: Die Siedentopfsche Farm dort drüben an den Hügeln haben wir besucht. Die Siedentopfs waren zwei deutsche Brüder, die vor dem Ersten Weltkrieg im Ngorongorokrater eine Farm bauten, dort Vieh hielten und züchteten und sich als Herren des Kraters fühlten.

In der Nähe jenes Gebüsches dahinten haben die Löwinnen fast im Vorübergehen ein Gnu geschlagen. In dem Sumpf links vom Mungefluß trafen wir auf Elefanten. In den offenen Flächen links vom Sodasee war die Gepardin auf der Jagd. Ganz hinten können wir noch mit bloßem Auge zwei Nashörner erblicken. Die Sonne steht schon hinter dem Kraterrand, der daher den Teil des Kraters beschattet, den wir eben verlassen haben. Der Schatten hat schon den Leray Forest erreicht. Dieser vorwiegend aus Fieberakazien bestehende Wald war vor zwanzig Jahren noch erheblich größer und dichter. Daß er jetzt schrumpft, mag mit dem schwankenden Wasserspiegel zusammenhängen, ein Waldsterben ist es nicht. Auch die wenigen Elefanten haben es nicht verursacht. Hadedas – braune Ibisvögel – plärren ihren klagenden Ruf, während sie an uns vorbeifliegen und wir wegen des Schattens nicht mehr ihre in der Sonne so charakteristisch grünglänzenden, schillernden Federn sehen können.

Auf der einen Seite lehnen die selbstbewußten Masai nahezu alle Errungenschaften der Zivilisation ab. Andererseits wechselt neuerdings die Mode der Farben und Muster ihrer Kleidung und ihres Schmuckes oft schon nach wenigen Jahren.

Wir haben in Afrika viele Menschen kennengelernt, die ihre Herzen und Seelen trotz eines hektisch-erschöpfenden Berufsalltags offen gehalten haben für die Schönheiten der Natur. Wenn solche Leute aus dem Ngorongorokrater herauskommen, sind sie ebenso beeindruckt wie wir und denken auch über einen nochmaligen Besuch und die Zukunft dieses Kraters nach.

■ Das *Kraterhochland* besteht keineswegs nur aus dem Ngorongorokrater. Eine Rundfahrt durch die Umgebung sollte man nie auslassen. Auf der einen Seite gibt es hier fruchtbares Land, auf dem Ackerbau und Viehzucht mit großem Erfolg betrieben werden. Es gab auch einige deutsche Farmer, zum Beispiel in dem Oldeani genannten Bezirk südlich des Kraters und östlich des Oldeanaiberges. Einige alte deutsche Farmhäuser sind heute noch erhalten und werden bewohnt. Auf der anderen Seite ist die Natur hier oben von einer einsamen Stille. Es gibt sehr dichte Bergwaldbestände und weite Grasflächen. Fährt man um den Krater herum, führt von seiner Nordseite ein Weg zunächst an den Olmotikrater heran. Weiter geht es nach Nordwesten, und dann kann man den Embakaikrater einmal umrunden.

Allein wegen des Anblicks des tausend Meter unter einem gelegenen Kratersees lohnt sich diese Fahrt. Buschböcke, Warzenschweine und Paviane sieht man auf den Wegen. Zur Zeit der Gnuwanderung marschieren auch ihre langen Kolonnen durch diese Landschaft. In einem Jahr sieht man den Kraterboden des Embakai mit Tieren übersät und in einem anderen Jahr zur gleichen Zeit leer. In diese zauberhafte, unberührte Landschaft kann man dem Touristentrubel der Lodges am Rande des Ngorongoro in wenigen Minuten entfliehen.

■ Die *Masai* haben als Volk einen Bekanntheitsgrad, der in keiner Weise der Größe ihres Volkes entspricht. Allen Versuchen, sie seßhaft zu machen, zum Trotz sind sie bis in unsere Tage Viehnomaden geblieben. Wie die ihnen ethnisch verwandten Samburu und Njemps sind sie als maasprechende Niloten in Tansania eine völkische Minderheit. Gleichwohl besitzen sie erhebliche politische Macht. Als bedeutende Landeigner in Nordtansania sind sie recht wohlhabend. Wenn auch ihr Hauptaugenmerk auf den Besitz von möglichst vielen Rindern gerichtet ist, so wissen die Masai sehr wohl auch Geld als Besitz zu schätzen und verfügen oft über gutgepolsterte Bankkonten.

Auf ihrem Wege nilaufwärts vor ein paar hundert Jahren haben sich die Masai mit kuschitischen Völkern, die zum Teil den gleichen Weg nahmen, vermischt. Vor ihnen zogen bereits die Kalenjin den Nil hinauf, die dann in Kenia seßhaft wurden. Seit ihrer Ankunft in Ostafrika haben die Masai Frauen aus bantuiden Völkern geheiratet. Viele ihrer ursprünglichen kulturellen Eigenarten haben die Assimilation von Menschen anderer Ethnien überdauert, und sie haben ihre starke Kultur bis heute erhalten. Aus anthropologischer Sicht sind bei vielen die typischen Züge der ursprünglichen Masai verlorengegangen. Immerhin findet man unter ihnen gelegentlich sehr hochgewachsene schlanke Menschen mit schmalen Lippen und Nasen, die dem wohldefinierten ursprünglichen Typ eines Masai entsprechen.

Vieles von dem, was heute unkritisch von einem Buch über Ostafrika und das Leben der Masai ins nächste mitgeschleppt wird, ist Klischee. Vielleicht wird es nur deshalb wiederholt, weil es uns hochzivilisierten Europäern einen Schauer über den Rücken schickt, zu erfahren, wie die Masai gelebt haben – und heute noch leben, angeblich barbarisch, gewalttätig und primitiv. Richtig ist zweifellos, daß die Rinder das Leben der Masai bestimmen. Der Gott Engai hat sie als Geschenk ausschließlich für die Masai vom Himmel heruntergeschickt. Sie sind Ausdruck des Reichtums und besitzen in der Mythologie einen zentralen Platz. Wann immer die Masai auf ihrer jahrhundertelangen großen Wanderung in den Süden auf Rinder trafen, haben sie sich diese angeeignet. Das geschah auf wahrhaft nicht zimperliche Weise mit Gewalt und Waffen. Ein Unrechtsbewußtsein konnte sich dabei schwer entwickeln, denn sie nahmen nur, was ihnen zustand, was Engai ihnen geschenkt hatte. Durch ihre kriegerischen Handlungen straften sie die Viehbesitzer, die aus Masaisicht ja Viehdiebe waren, und nahmen deren Frauen als Beute mit. Je mehr Rinder ein Masai besitzt, desto wohlhabender und angesehener ist er. Es gibt einzelne Herden von mehreren tausend Stück Rindvieh, die im Besitze einer Familie sind.

Es ist falsch, die Masai als Rinderzüchter zu bezeichnen. Denn planmäßige Zucht mit festgelegten Zuchtzielen haben die Masai nie betrieben. Sie sind Rinderhalter. Es zählt für sie auch nicht die Qualität des einzelnen Rindes, sondern nur die Stückzahl. Ein kleines, schwaches Rind ist fast genauso wertvoll wie ein großes starkes. Wie in allen Rinderbeständen Afrikas sind Zebus eingekreuzt.

Die Hänge des Ngorongorokraters sind dicht bewaldet. Nur gelegentlich stößt man auf Lichtungen. Einen Teil des Wassers, das die Bäume benötigen, bekommen sie hier durch frühmorgendliche Nebel.

Das ist aber nicht von den Masai gemacht worden, sondern von den Vorbesitzern der Rinder, denen die Masai diese Tiere abgenommen haben. Die Einkreuzung von Zebublut in die Rinderbestände aller Völker Afrikas hat sich im übrigen nicht als so wirkungsvoll erwiesen, wie man erhoffte. Das Zebu ist gegen mancherlei Tropenkrankheiten und, wie manche annehmen, auch gegen Hitze, Hunger und Durst widerstandsfähiger als das Hausrind. Die Rinder werden von Masai-Knaben gehütet, die im übrigen auch Schaf- und Ziegenherden mit bewachen.

Daß die Masai nur von Blut und Milch und gelegentlichem Fleischverzehr lebten, entspricht nicht der Realität. In bestimmtem Umfang nehmen sie auch pflanzliche Nahrung wie Gemüse und Mais zu sich. Milch ist sicher ein Hauptnahrungsmittel, aber sie schätzen auch Butter, Maismehl, Hirse, Bohnen und Honig. Außerdem trinken sie selbstgebrautes Bier. Was sie an Lebensmitteln nicht selbst erzeugen, tauschen sie gegen Fleisch und Häute. Die Sozialstruktur der Masai besteht in Dorfgemeinschaften, die in einer *Boma* leben, einer kreisförmig angeordneten, von einem Zaun aus dornigen Ästen umgebenen Ansammlung von Hütten. Die einzelne Hütte, der *Enkang*, ist fensterlos und hat einen Eingang, der nicht direkt in die Hütte, sondern parallel zur Außenwand wie ein Gang auf den Eingang zuführt.

Die Hütte wird aus dünnen Stämmen und Ästen erbaut, die in die gewünschte Form gebogen werden, dann mit Rinderhäuten überspannt und schließlich mit Kuhdung verputzt werden. Inmitten einer solchen Boma hält sich das Vieh getrennt nach Rindern, Schafen und Ziegen auf, häufig in gesonderten, ebenfalls runden Dornbuscheinzäunungen. Die Sozialstruktur der Masai ist traditionell festgefügt. Jede Frau hat ihre eigene Hütte. Meist liegt zur Rechten des Durchlasses durch den Dornenzaun der Enkang der ältesten Frau, auf der linken Seite der der zweiten Frau. An jede Hütte angebaut ist eine kleine Boma für die Kälber, die durch einen kleineren Dornenzaun zusammengehalten werden.

Im Inneren eines Enkang befindet sich in der Mitte die Feuerstelle, für die es keinen Abzug gibt. Das Feuerholz wird in der Hütte gelagert, in der sonst lediglich Kochutensilien, Hocker oder Schemel, Kalebassen für die Aufbewahrung von Milch und Blut, Waffen und Schilde stehen. Traditionell führt ein Masai einen langen Speer, ein kurzes schwertartiges Messer und eine Holzkeule.

In der sozialen Organisation spielen Altersklassen eine große Rolle. Sie sind besonders für die männlichen Masai bedeutungsvoll. Alle paar Jahre findet als großes Fest eine Beschneidung statt, an der alle noch nicht beschnittenen Jungen im Alter von 14 bis 19 Jahren teilnehmen. Mit der Beschneidung wird der Junge zum Krieger, zum Moran. Als solcher erfüllt er keine Aufgaben für die Gemeinschaft. Das Führen von Kriegen und Raubzügen, die frühere Hauptbeschäftigung der Morani, ist heute von staatlicher Seite verboten.

Die Pflicht eines Moran, im Kreise seiner Altersgefährten einen Löwen mit dem Speer zu töten, ist inzwischen auch von der Regierung verboten. Dennoch gibt es gelegentlich Raubzüge mit Erbeutung von Vieh, und hin und wieder wird auch ein Löwe unter dem Vorwand der Selbstverteidigung oder der Verteidigung einer Rinderherde gespeert. Die Morani lassen ihre Haare lang wachsen und flechten sie kunstvoll zu Zöpfen. Sie bemalen ihre Körper mit Ockerfarben, in die sie ornamentale Muster hineinkratzen. Ein Moran darf keinen Alkohol trinken. Milch muß er stets in Gegenwart anderer Morani zu sich nehmen, Frauen dürfen beim Milchgenuß nicht anwesend sein.

In ihren Dörfern sind die Morani nicht geduldet. Sie bauen sich vielmehr ihre eigenen Enkangs, die ebenfalls im Kreis angeordnet, aber nicht umzäunt sind. Solche Ansiedlungen nennt man Manyattas. Hier sind auch Mädchen der gleichen Altersklasse zugelassen, und es herrscht sexuelle Freizügigkeit.

Wenn ein Moran genügend Vieh besitzt, um einen Brautpreis zu zahlen, kann er heiraten und wird damit in die Altersklasse der Alten, Paiyani, aufgenommen. Er verliert dann seine Vorrechte als Moran, zugleich aber gelten die für die Krieger verbindlichen Tabus nicht mehr. Die Haare werden als äußeres Zeichen seines neuen Standes kurz geschoren.

Die Regierungen von Kenia und Tansania haben versucht, die Masai seßhaft zu machen. Obwohl eine Zeitlang auf die Masai großer Druck ausgeübt wurde, haben sie von ihrem Nomadenleben nicht Abstand genommen. Wenn die Herde es gebietet, ziehen sie weiter. Das ist immer dann der Fall, wenn das Land abgeweidet ist oder durch Trockenheit den Rindern keine ausreichende Nahrung oder Tränke mehr zur Verfügung steht. Dann werden die Enkangs abgerissen, das wieder verwertbare Material wird auf Esel geladen und an einem anderen Ort mit günstigerer Weide wieder aufgebaut. Nur zu diesem Zweck halten die Masai in ihrer Boma Esel, die meist nicht einzelnen Personen, sondern der Dorfgemeinschaft gehören.

Der weit aufgerissene Kiefer hat mit Müdigkeit nichts zu tun. Es ist ein starkes Drohsignal an Artgenossen, die dem Tier zu nahe gekommen sind.

In den ersten Tagen und Wochen ist es für Gnukälber lebensnotwendig, den unmittelbaren Anschluß an die eigene Mutter nicht zu verlieren.

An einigen Stellen ist es gelungen, die Masai halbseßhaft zu machen. Dort beginnen sie, Steinhäuser zu errichten und sich mit Landwirtschaft zu befassen. Allerdings stellen sie für die Arbeiten auf dem Acker meist Afrikaner aus bantuiden Nachbarvölkern ein. Die erwirtschafteten landwirtschaftlichen Güter haben den Reichtum zum Teil vermehrt und damit einen Anreiz gegeben, daß immer mehr Masai nach diesem Prinzip verfahren. Wenn man die Gelegenheit hat, über das Kratermassiv zum Natronsee zu fliegen, kann man aus der Luft ausgezeichnet erkennen, wo auf Masailand heute Maisfelder und Gemüsebeete angelegt sind. Das ist ein wirklich ungewöhnlicher Anblick.

Für die Natur, insbesondere für die Tierwelt, haben diese Bestrebungen, die Masai seßhaft zu machen, große Nachteile. Traditionellerweise haben Masai sich nie um die Jagd gekümmert und Wildtieren nie etwas zuleide getan. Als Ausnahme müssen das schon erwähnte Töten von Löwen als Mutprobe und Verteidigung des eigenen Lebens oder der Viehherden gelten. Früher haben sie gelegentlich Elenantilopen gejagt und Nashörner gespeert, oft um den örtlichen Distriktbehörden ihr Mißfallen über einschränkende Maßnahmen gegen ihr Volk zu zeigen. Jetzt, da wilde Tiere den seßhaften Masai ihre Felder verwüsten können, hat sich ihre Einstellung zu den Savannentieren geändert. Sie vertreiben sie oder töten sie auch.

Das ist sogar verständlich, denn eine Horde Paviane, ein paar Warzenschweine, eine Antilopenherde oder wenige Elefanten können in allerkürzester Zeit eine ganze Ernte vernichten. Insofern sind jene Überlegungen der Regierung recht weise, wonach in manchen Gebieten Afrikas die nomadisierende Viehhaltung die beste Landnutzung überhaupt ist. Von nomadisierenden Masai bewohnte Savannen bringen als Nationalpark Devisen, wenn es dort wilde Tiere gibt. Früher lebten die Masai auch auf dem Boden des Ngorongorokraters, jetzt ist es ihnen verboten, dort Bomas oder Manyattas zu errichten. Mit einer besonderen Lizenz dürfen sie bei Trockenheit und Wassermangel ihre Viehherden in den Krater zur Tränke treiben, aber sie nicht dort weiden lassen. Die Herde muß am selben Tag wieder hochgetrieben werden. Man kann beobachten, wie sich die Masai-Rinderherden an den Tränken mit Zebras und Gnus mischen.

Die Kraft der Kultur dieses Volkes ist groß. Dennoch ist es wohl nur eine Frage der Zeit, bis der letzte Masai seinen ockerroten Umhang gegen eine Hose vertauscht hat und die schweren Ringe aus Perlen und Messing an den Hälsen und Armen der Masaifrauen durch Modeschmuck und Plastikuhren ersetzt werden. Aber alle Versuche, diesen Prozeß zu beschleunigen, sind unvereinbar mit der Würde des Menschen, mit der Würde der Masai.

Die Nordhänge des Ngorongorokraters sind nicht bewaldet. Über diese Hänge wandern oft viele der pflanzenfressenden Tiere in den Krater hinein oder wieder hinaus. Giraffen haben allerdings den Rand des Kraters noch nie überwunden.

Wahrscheinlich sind es Elefanten gewesen, die mit Stoßzähnen und Rüssel die Rinde dieses großen Baumes abgerissen und teilweise hängen gelassen haben.

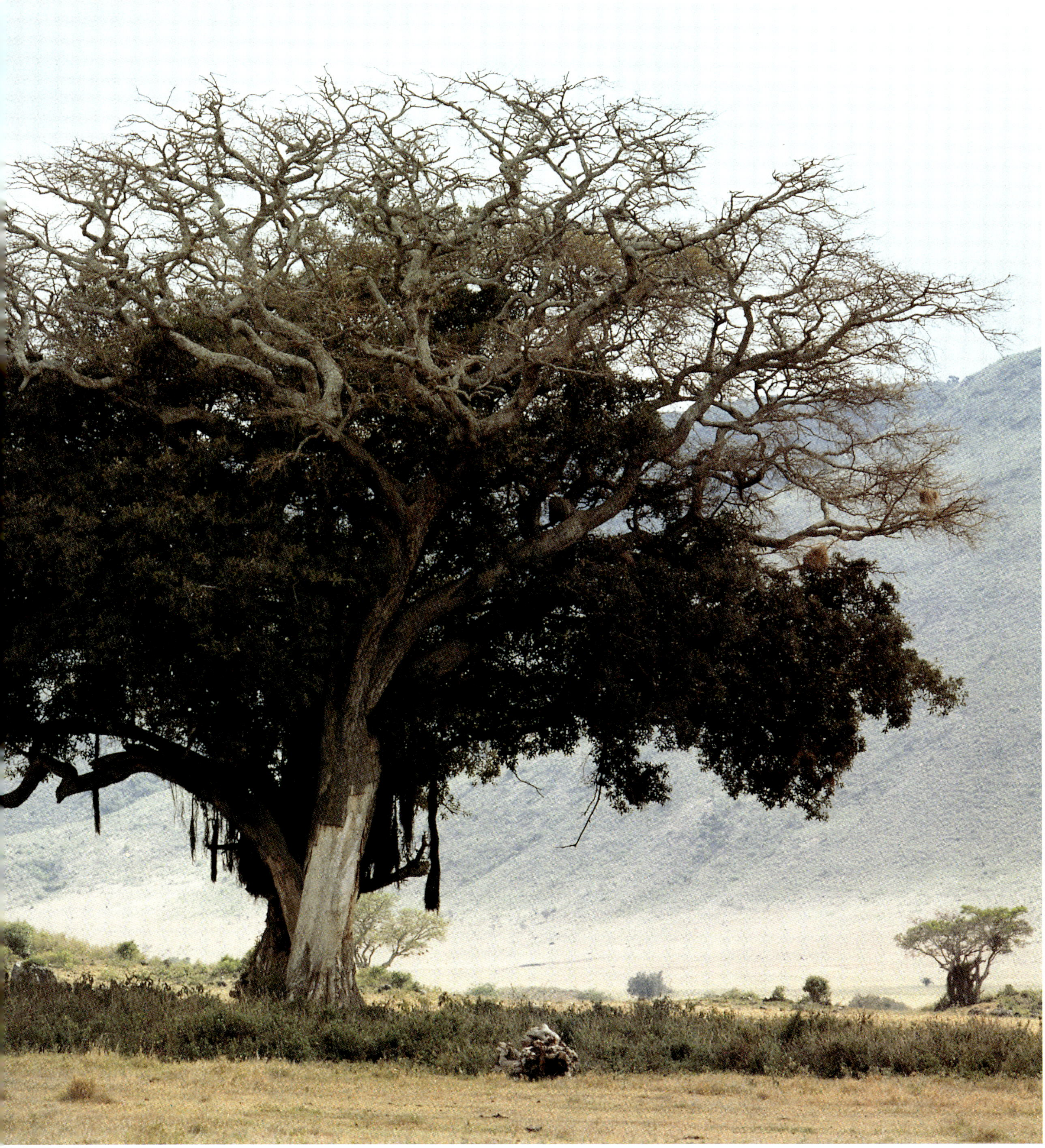

Zwergflamingos leben von blaugrünen Algen der Gattung *Spirolina*. Mit schnellen seitlichen Bewegungen seihen sie das Wasser nach dieser Nahrung durch. Die Algen benötigen alkalisches Wasser.

83

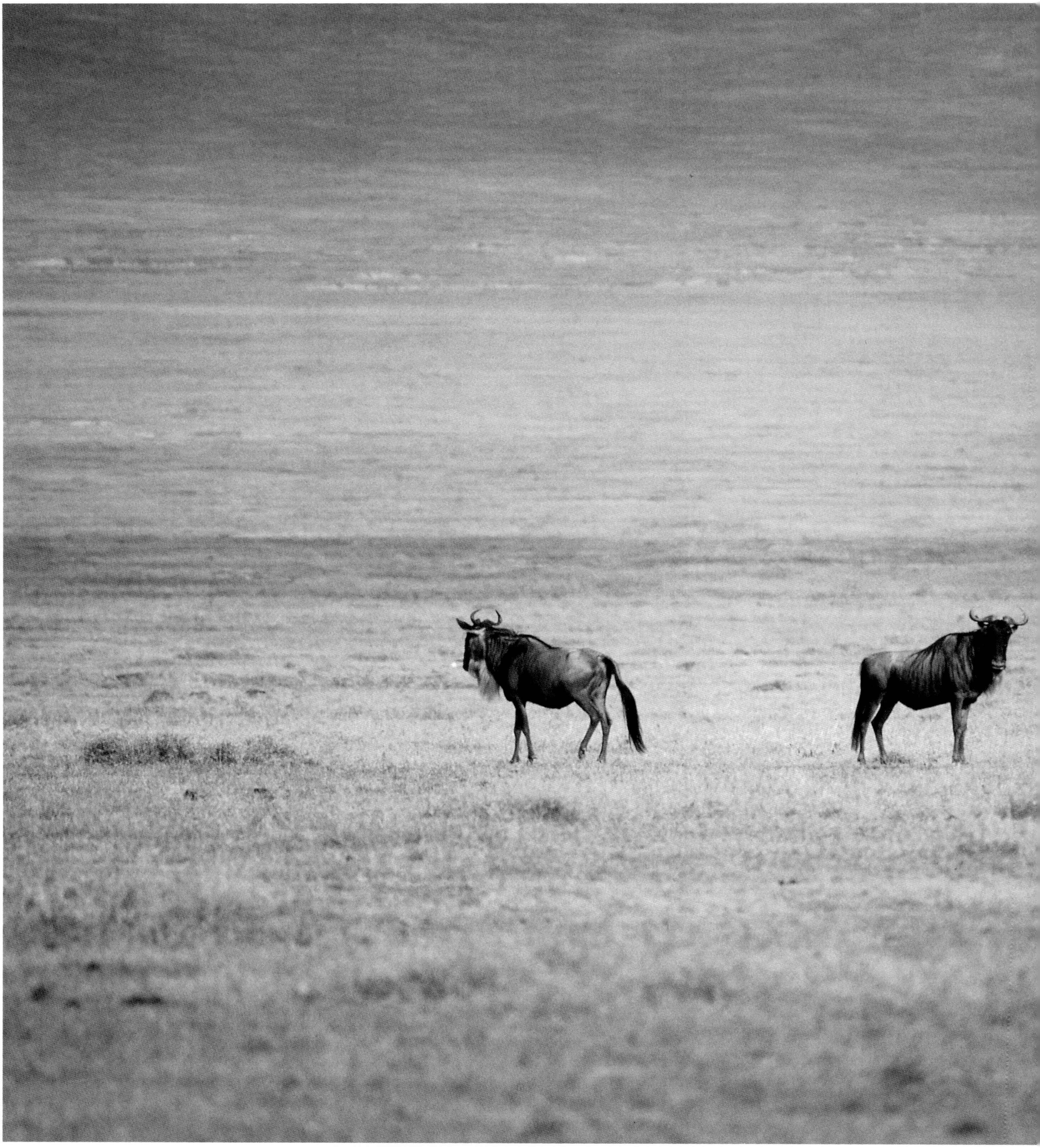

Weißbartgnus sind die Charaktertiere der weiten ostafrikanischen Gras-Savannen. Einzeln stehende Gnus – ohne den Zusammenhang mit einer Herde – sind fast immer Bullen, von denen viele Fortpflanzungsterritorien errichten und gegen gleichgeschlechtliche Artgenossen verteidigen.

Die ständig mit dem Schwanz wedelnden Thomsongazellen konkurrieren mit den Weißbartgnus um die gleiche Nahrung. Sie bevorzugen kurzes Gras, das viel eiweißreicher ist als Langgräser.

An wenigen Plätzen Afrikas – wie z.B. dem Manyara-Nationalpark – erklettern die Löwen Bäume. Hier oben sind sie sicher vor vielerlei Störungen, in der Mittagshitze ist es dort luftig und schattig.

Wenn man einen starken Mähnenlöwen und eine erwachsene Löwin allein in der offenen Savanne liegen sieht, hat man meist ein Paar vor sich, das sich für einige Tage vom Rudel abgesondert hat, um Nachwuchs zu zeugen.

Über zwanzig Stunden am Tage pflegen Löwen zu schlafen, zu ruhen oder zu dösen. Ein paar Streckübungen – man spricht vom Räkelsyndrom – begleiten oft den Lagewechsel.

Voll ausgewachsene Mähnenlöwen sind allein durch ihre Mächtigkeit Symbole der Kraft und Selbstsicherheit. Wer wollte es wagen, diesem prachtvollen Löwen, der hier im Morgenlicht seinen Lebensraum durchstreift, zu nahe zu treten.

Bei den Steppenzebras erkennen Mutter und Kind einander am Streifenmuster. Dieses ist für jedes Zebra so individuell wie die Fingerabdrücke beim Menschen. Geduldig läßt die Stute ihr Fohlen trinken.

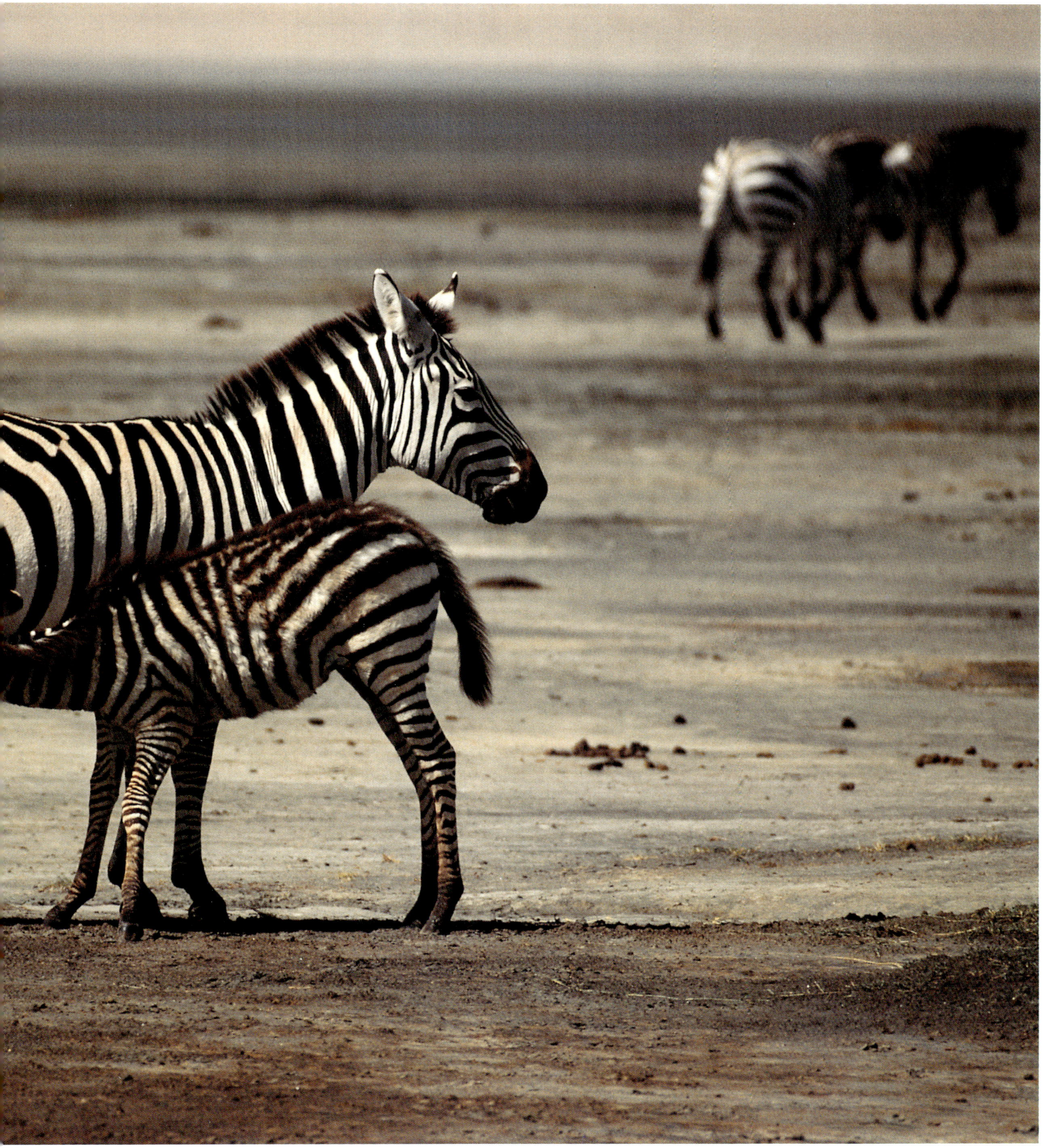

▬ Im Norden des zu Unrecht nur wenig besuchten Tarangire-Nationalparks stehen die Baobabs streckenweise so dicht wie kaum irgendwo sonst in Afrika. Ihre gedrungenen Stämme mit gewaltigen Durchmessern scheinen viel zu dick für die bizarre Krone. Wenn sie unbelaubt ist, wirkt sie mit ihren vielen, stark verzweigten Ästen im Abendlicht wie ein Filigranwerk.

Geborstene Erdkruste –
der Ostafrikanische Graben

■ Wenn man auf der Sohle des *Ostafrikanischen Grabens* von Arusha, dem touristischen Zentrum Nordtansanias, in die Serengeti, zum Ngorongorokrater, in den Lake-Manyara-Nationalpark oder nach Tarangire fährt, hat man bis zu dem nach Osten führenden Abzweig nach Tarangire Asphalt unter den Reifen. Diese Straße ist ein Teil des britischen Traums von der Kap-Kairo-Route, die während der Kolonialzeit eine Nord-Süd-Durchquerung des afrikanischen Kontinents durch ausschließlich britisches Hoheitsgebiet ermöglichen sollte. Was in Arusha aber mit einer Schnellstraße so gut anfängt, wird südlich des Abzweigs nach Tarangire zu einem schlaglochreichen Alptraum – dabei führt diese Straße in die neue Hauptstadt Dodoma.

Es ist fast immer dunstig auf der Grabensohle. In Makunyuni verlassen wir die Straße rechtwinklig nach Westen, um zum Manyarasee, zum Ngorongorokrater oder in die Serengeti zu gelangen. Der Himmel über der Grabensohle ist tiefblau. Dicke Kumuluswolken ziehen westwärts. Ihre Unterseiten scheinen wie mit einem Hobel abgeschnitten, jedenfalls sind sie bretteben. Die Grabenbruchstufe kommt langsam näher. Das Massiv des Kraterhochlandes mit einigen Gipfeln dagegen liegt nach einer Stunde Fahrt immer noch in derselben weiten, diesig verschwommenen Ferne. Je nachdem, was die Götter den Masai mitteilen möchten, sieht man zur Rechten, im Norden am Grabenrand, eine mehr oder minder dünne schwarze Rauchfahne aus dem *Oldoinyo Lengai* nach oben steigen. Oft ist Gottes Dialog mit seinen Kindern, den Masai, auch wochenlang von bedeutungsschwerem Schweigen unterbrochen.

Manchmal hängen dunkle Wolken über dem Kratermassiv. Wetterleuchten zeigt uns schon von weitem, daß dort wieder einmal heftige Gewitter niedergehen. Das letzte Dorf auf der Grabensohle heißt Mto wa Mbu. Das ist Suaheli und heißt: Fluß der Mücken. Wer dort am Abend auch nur eine Stunde verbringt, weiß, warum es diesen Namen trägt.

Von nun an windet sich die Straße in Serpentinen auf das Plateau des Grabenbruchs. Jedesmal steigen wir auf dem kleinen Aussichtsplatz aus, und immer wieder strapazieren wir dieselben Adjektive. Wir finden es atemberaubend, hinreißend, zauberhaft, einmalig, weit in den Graben hineinzusehen, auf dessen Sohle wir soeben stundenlang gefahren sind. Staubwolken hinter den Fahrzeugen, die noch unten fahren, markieren die Straße. Überwältigend, einzigartig, großartig nennen wir den Blick nach Süden, wo der Grabenbruch steil abfällt und oben an seinem Rande das imposante, weiße Lake Manyara Hotel steht. Die schwarzen Punkte unten am Fuße des Hanges markieren eine Büffelherde, die weiße, kreisende Wolke besteht aus Pelikanen, und Flamingos bilden den rosa Saum des Sees.

Zwischen dem Manyarasee und dem Kraterhochland leben die Wambulu. Sie sind im Gegensatz zu den sonst hier ansässigen bantuiden Völkern kuschitischer Herkunft und gehören damit zu einer ethnischen Minderheit in Tansania. Bemerkenswert ist die Bauweise ihrer Häuser, die in ihrer Sprache *Temba* heißen. Sie sind in die Erde gebaut, nur das obere Drittel mit einem grasbewachsenen Flachdach schaut über das Niveau des Bodens hinaus. Geht man die paar Stufen hinunter, befindet man sich in einem großen, dunklen, angenehm kühlen Raum, in dem die Hühner zwischen tief und fest schlafenden Kleinkindern umherlaufen. Um den Ort Mto wa Mbu herum sind noch solche Tembas zu sehen.

Das Grabensystem des Afrikanischen Grabens beginnt am Jordanfluß in Israel, führt durch das Rote Meer und vereinigt sich in Äthiopien mit dem Golf von Aden. Weiter südlich teilt sich das Grabensystem dann in den Zentral- und Ostafrikanischen Graben, die den Viktoriasee und das zentrale Hochland von Tansania bis zum Nordende des Malawisees einschließen.

Vom Boden des Ostafrikanischen Grabens oder vom Rande seiner Bruchstufen aus erlebt man Geographie zum Anfassen. An vielen Stellen trifft man auch heute noch auf Reste vulkanischer Aktivitäten. Diese haben mit der Entstehung des Grabens nichts zu tun, sind aber in geringem Ausmaß für das heutige Gesicht des Grabensystems mitverantwortlich. Von Zeit zu Zeit meldet auch heute noch der Oldoinyo Lengai direkt am westlichen Rande des Grabenbruchs seinen Anspruch auf den Titel *Berg Gottes* an. Sind es doch gerade die Lavaausbrüche, denen dieser Kegel seinen Platz in der Mythologie der Masai verdankt. Oft sind es nur ein paar Tage, an denen der Berg schwarze Asche in den blauen Himmel schickt, manchmal sind es Wochen. Gelegentlich hängt keine Rauchfahne über dem Berg, manchmal windet sich nur ein blaßgrauer, dünner Schleier aufwärts, den der Wind schnell zerstreut.

Am äußersten Rande des hier besonders steilen und hohen westlichen Grabenbruches ist das Lake Manyara Hotel erbaut worden. Von dort oben hat man einen prachtvollen Blick auf den Lake-Manyara-Nationalpark und seinen namengebenden See.

Den Masai-Alten sind die religiösen Bedeutungen der wechselnden Vulkantätigkeit aus eigener Anschauung geläufig. Und die Jungen der Masai glauben aus Tradition den Worten der Alten.

Im *Lake-Manyara-Nationalpark* kann der Tourist die Folgen des Vulkanismus fühlen – und auch ein wenig riechen. Weit im Süden des Parks gibt es einen Platz, an dem heißes Wasser aus dem Boden tritt und einen fauligen, auf schwefelhaltigen Gasen beruhenden Gestank verbreitet. Der Ort wird auf Suaheli *maji moto* genannt, was soviel bedeutet wie heißes Wasser.

Pelikane sind die schwersten flugfähigen Vögel. Sie beherrschen in höchster Perfektion den Segelflug, besonders in Thermikblasen. Als Flugformationen bevorzugen sie fast immer die V-Form oder nach hinten versetzte Reihen – wie auf diesem Bild.

■ Für die Gestaltung Tansanias ist auch der westliche *Zentralafrikanische Graben* ein wichtiges Strukturelement. Als typisch ausgeprägter Graben beginnt er am Nil, durchzieht Uganda, Ruanda und Burundi und stellt teilweise die Ostgrenze Zaires dar. Er ist ein Graben mit vielen Seen. In seinem tansanischen Abschnitt liegen der sechstgrößte See der Erde, der Tanganyikasee, der Rukwasee und das Nordende des Malawisees.

Die Tiefe des Zentralafrikanischen Grabens läßt sich allein daran ermessen, daß der 650 Kilometer lange und fünfzig Kilometer breite Tanganyikasee im nördlichen Becken 1310 Meter und im südlichen sogar 1473 Meter tief ist. Der Viktoriasee dagegen ist – wie erwähnt – nur achtzig Meter tief. Über große Strecken bildet der Grabenbruch auch die steil abfallenden Ufer des Tanganyikasees, der dadurch fast einem norwegischen Fjord gleicht. Im südlichen Teil setzt sich dieser schroffe Abfall auch noch unter der Wasseroberfläche fort, während an anderen Orten flachere Wasserstellen in Ufernähe zu finden sind. Aber selbst dort ist zehn Kilometer vom Ufer entfernt das Wasser bereits einhundert Meter tief. Es hat sich eine für diesen See spezifische Fauna entwickelt, von neunzig Fischarten sind 89 nur in diesem Gewässer beheimatet. Ähnliches gilt auch für den Malawisee. Der Seeboden des Tanganyikasees besteht aus demselben Gestein wie das über fünftausend Meter hohe Ruwenzorigebirge. Das zeigt deutlich, welche gigantischen auffaltenden Kräfte hier am Werke waren.

Ein Unterschied zwischen diesen Grabenseen und dem Viktoriasee besteht auch darin, daß die Seen des Grabens von Zuflüssen gespeist werden, während der Viktoriasee sein Wasser außer aus einem einzigen Zufluß, dem Kagera, vornehmlich durch Regenfälle erhält. Der Tanganyikasee entwässert über die Lukuga-Rinne in das Kongobecken, während der Malawisee über den mächtigen Shirefluß zum Sambesi abfließt. Lange Zeit glaubte man, der Tanganyikasee sei die Quelle des Nils, vor allem der berühmte und angesehene Forscher und Missionar David Livingstone hat immer diese These vertreten. Er konnte sich einfach nicht vorstellen, daß ein anderes Gewässer als der riesige tiefe Tanganyikasee Ursprung des größten afrikanischen Flusses sein sollte.

Der alkalische, flache Rukwasee hat demgegenüber sehr seichte, sumpf- und riedbestandene Ufer. Sein Wasserspiegel und damit seine Ausdehnung schwanken zwischen Regen- und Trockenzeiten, aber auch von Jahr zu Jahr erheblich. Die Ufer des Rukwasees reichen selbst bei höchstem Wasserstand nicht an die steilen Böschungen des Rukwarifts heran.

■ Der *Lake-Manyara-Nationalpark* ist einer der kleinsten Parks in Afrika. Dennoch bietet er eine staunenswerte Fülle von verschiedenen Landschaften und Tieren. Urwald und Gras-Savanne, steiler Grabenhang und ebene Sumpfflächen, Sodasee, Wasserfälle und kleine Süßwasserflüßchen, an deren Mündungen der See Brackwasser enthält. Am Eingang des Parks steht ein kleines Museum mit ein paar Säuger- und Vogelarten und interessanten Darstellungen der geologischen Verhältnisse. Während die Fahrer die Formalitäten für den Besuch des Parks mit viel Palaver, Papierkrieg und Schwierigkeiten beim Wechseln der schmuddeligen Geldscheine erledigen, kann man schon einmal einen Blick in dieses Museum des Kleinodes afrikanischer Wildschutzgebiete werfen.

Nirgendwo wird es so deutlich, daß man sich im Afrikanischen Graben befindet, wie hier. An dieser Stelle hat der Graben keine östliche Steilwand, das Gelände steigt vielmehr von der Grabensohle langsam und schrittweise gen Osten an. Um so eindrucksvoller ist am Manyarasee der 350 Meter hohe westliche Steilhang, der zugleich die Westgrenze des Parks darstellt. Zwischen dem Steilhang und dem Manyarasee zieht sich der Park in Nord-Süd-Richtung hin. Streckenweise reicht der fast senkrechte Steilhang bis auf wenige hundert Meter an das Seeufer heran. Der stark alkalische See ändert seinen Wasserstand wie der Rukwasee zwischen Regen- und Trockenzeiten und auch von Jahr zu Jahr erheblich. An engen Stellen kann der Rand des Sees bei Hochwasser bis an die Straße plätschern, bei Niedrigwasser dehnen sich große, von auskristallisierten alkalischen Salzen hellgrau bis weiß gefärbte Flächen am Ufer aus. Sie sind trügerisch glatt und können selbst einem leichten Fahrzeug schnell zur Falle werden, denn unter der sonnengetrockneten Kruste verbirgt sich Schlamm.

Eine Reihe von Flüssen fließen vom Grabenbruch herunter. Wenn dem Besucher der Schlagbaum von einem Uniformierten mit wichtiger Miene, strammer Haltung, aber auch mit einem Lächeln geöffnet worden ist, gibt es meist schon nach wenigen hundert Metern einen ersten Halt wegen eines brausendzischenden Geräusches. Es hört sich an, als würde aus Hunderten, unter Überdruck stehenden Kesseln der Dampf entweichen. Zigtausende von Zikaden verursachen diesen, manchmal geradezu schmerzhaft lauten Lärm. Dadurch verständigen sich Zikadenmännchen. Man fragt sich, wie ein einzelnes Tier aus diesem schrillen Lärm die Information heraushören kann, die ihm persönlich gilt. So ist das erste Erlebnis dieses am Anfang des Parks gelegenen Grundwasserwaldes ein akustisches.

Wenn man aus der heißen Ebene der Grabensohle kommt, erwartet man keinen solchen Wald mit einer so großen Artenvielfalt an Bäumen, mit einer derartig undurchdringlichen, tiefgrünen Pflanzendecke am Boden, mit sumpfigen Partien und üppigem Unterbewuchs und mit typischen waldbewohnenden Tieren, vor allem Vögeln. Woher bekommt dieser Urwald sein Wasser? Man spürt die hier herrschende hohe Luftfeuchtigkeit besonders, weil man gerade aus der trockenen Hitze der Grabensohle kommt. Wie kommt sie zustande? Einerseits regnen sich die von den östlichen Winden bis zur Grabensohle getriebenen Wolken am Grabenhang ab. Die Niederschlagsmenge ist hier wesentlich höher als auf der Grabensohle oder oben auf dem Plateau. Zum anderen bezieht der Grundwasserwald – wie der Name schon verrät – sein Wasser aus dem Boden, dessen Feuchtigkeit letztlich aus dem Ngorongorokratermassiv stammt. Auch vom Grabenrand herunterkommende Flüßchen führen Wasser, das sich im Kraterhochland gesammelt hat. Zum Grundwasserwald wird das Wasser in tieferen, wasserundurchlässigen Schichten hingeleitet.

Für den Botaniker oder Landschaftsgeographen bedeutet dieser Grundwasserwald eine größere Besonderheit als die Baumlöwen, die den Manyara-Nationalpark so berühmt gemacht haben. Die meisten Touristen dagegen schenken diesen Löwen mehr Aufmerksamkeit als dem einmaligen Grundwasserwald. Die 25 bis 40 Löwen, die hier in den letzten Jahrzehnten gelebt haben, sind häufiger als anderswo auf Bäume geklettert. Allerdings kann man auch in der Serengeti, in Tarangire, in Uganda, Sambia und Simbabwe Löwen auf Bäumen sehen. Trotzdem gehören die Baumlöwen zu den größten Attraktionen dieses Parks. Viele Fahrer der einander begegnenden Fahrzeuge halten, damit sie sich informieren können, wo Baumlöwen gesehen wurden.

Tatsächlich aber bietet der Manyara-Nationalpark mehr als nur Grundwasserwald und Baumlöwen. Der Manyarasee hat viele Gesichter. Von der Höhe der Grabenwand, etwa vom Lake Manyara Hotel aus, wirkt er kleiner als er ist, nämlich 42 Kilometer lang und 16 Kilometer breit. An seinem Rande stehend, hat man an dunstigen Tagen, wenn man die anderen Ufer nicht sieht, oft den Eindruck, ein Meer vor sich zu haben. Die Variabilität und der Reichtum an Wasservögeln ist groß, man sieht Enten, Gänse, Watvögel, Regenpfeifer, Kiebitze und Ibisse. Ein paar tausend Pelikane fischen im flachen Wasser oder stehen am Ufer. Von oben sieht ein riesiger Flock von Flamingos wie ein rosa Saum aus, schaut man dieselbe Gruppe vom Ufer aus an, imponiert ein Wald von roten Beinen und ein Meer von dünnen weißen Hälsen. An einem ›Hippopool‹, der von einem der zahlreichen kleinen Flüßchen gespeist wird, tummeln sich Flußpferde. Im trockenen Süden, in der nach dem gleichnamigen Fluß benannten Endabash-Gegend, stürzt ein dünner Wasserfall über hundert Meter tief herab. Die Grabenwand wirkt dort mit ein paar mächtigen Feigenbäumen und großen Akazien wie eine Filmkulisse. Kaum jemand wäre erstaunt, wenn sich gleich Tarzan an einer Liane herabschwingen würde. Hier und auf dem Wege hierher bekommt man die ganze Fülle der Tierarten dieses kleinen Parks zu sehen. Man findet nirgends große Herden, aber viele Savannentiere, Zebras, Giraffen, Impalas, Wasserböcke und in großer Zahl auch Büffel. Elefanten werden jedoch seltener. Das Ehepaar Douglas-Hamilton hat hier vor Jahrzehnten die systematische Feldarbeit an Elefanten begonnen. Wichtige Daten zur Biologie der grauen Riesen sind in diesem Nationalpark von ihnen erhoben worden. Noch vor zwanzig Jahren konnte der Besucher hier viele Elefanten sehen. Obwohl ihre Zahl nicht nennenswert schwankt, sind sie in den letzten Jahren seltener zu finden. Die riesigen Tiere pflegen im Laufe des Nachmittags die Grabenwand zu erklimmen und erst am nächsten Tag wieder herunterzukommen.

Bei jeder Safari in Tansanias Busch liegt das prickelnde Abenteuer darin, nie vorher zu wissen, was hinter der nächsten Bergecke, im noch nicht einsehbaren Flußtal vor einem oder am Rande

Die schweren Knochen, die dicke schwartige Haut und das mächtige Gehörn erwachsener Kaffernbüffel überdauern den Tod des Tieres oft monatelang. Die sengende Sonne dörrt die Reste des Kadavers aus.

eines Grundwaldes zu erwarten ist. Jeder Tag bringt Neues, auch wenn man immer wieder dieselben Wege abfährt. Dieser reizvollen Unsicherheit steht im Lake-Manyara-Nationalpark die Gewißheit gegenüber, daß einen garantiert immer eine zauberhafte Landschaft mit Grabenbruch, Sodasee, Süßwasserflüssen und Grundwasserwald umgibt. Baumlöwen oder Elefanten muß man suchen, aber man findet sie oft mit ein wenig Glück.

Der Msasafluß und der Bagayo mit seinem kleinen Delta durchziehen den Park. Man kann den Flußverlauf am Morgen vor dem Hintergrund des Sees im Gegenlicht genießen oder mit einem Schwenk von 180° dasselbe Gewässer vor einem im Morgenlicht prächtig beleuchteten Grabenbruch mit trockenen Felsen und grünen Bäumen bewundern. Das ganze Jahr hindurch hat man diese Gelegenheit freilich nicht. Ein paar Wochen nach der Regenzeit schwellen die Flüsse im Park oft so an, daß sie unpassierbar sind, weil die Brücken überschwemmt oder sogar zerstört werden. Dennoch bleibt selbst in dieser Zeit der Lake-Manyara-Nationalpark eine Perle in der Kette tansanischer Sehenswürdigkeiten.

■ Der *Tarangire-Nationalpark* liegt noch im Afrikanischen Grabensystem, grenzt aber schon an die Masaisteppe, die eher der Nyika zuzurechnen ist. Durch die Grenzlage zwischen zwei geographischen Großräumen erhält dieser Park auch seine Schönheit und Besonderheit. Grasland und offene Buschsavanne bedecken weite Teile, dichteres Buschland und Wälder sind eher im Süden des Parks anzutreffen. Der Tarangireberg ist vulkanischen Ursprungs. Gerade auf dem Grabenboden strukturieren die jüngsten vulkanischen Aktivitäten immer noch die Landschaft.

Der Tarangire-Park bleibt ein Stiefkind des großen Tourismus. Woran liegt es, daß dieser prachtvolle Park so wenig besucht wird?

Die Lodge besteht zwar aus Zelten, aber diese sind sehr luxuriös. Es gibt einen Swimmingpool, und die Lage der Lodge gestattet einen traumhaft schönen Blick ins Tal, durch das sich der Tarangirefluß hindurchschlängelt. Eigentlich können auch die Tsetsefliegen nicht der Grund für die geringe Besucherzahl sein, denn man muß nicht unbedingt dorthin fahren, wo sie in Scharen auftreten. Allerdings sieht man dann auch keine Kleinen Kudus, die nur dort sind, wo auch Tsetsefliegen in Massen vorkommen. Die Wege sind in leidlich gutem Zustand, gewiß nicht schlechter als in anderen Parks in Tansania. Die Sicherheit, Hunderte von Elefanten zu sehen, ist nirgendwo in Afrika größer als hier in Tarangire.

Der Warden läßt es sich nicht nehmen, am frühen Morgen in unser Fahrzeug zu steigen, um mit uns in den Busch zu fahren. Manchmal ist es um diese Zeit noch etwas kühl, denn wir stehen im Fahrzeug bei geöffneten Dachluken, Ferngläser umgehängt, Kameras schußbereit. Auf der von dem Amerikaner Engelhard gespendeten, gleichnamigen Brücke halten wir zum ersten Mal an. In der ersten Morgensonne liegen dort ein paar Riedböcke am Ufer, und kleine Dreibandregenpfeifer flitzen emsig auf einer Sandbank im Fluß umher. Mit etwas Glück sehen wir jetzt schon eine Elefantenherde, die den Fluß kreuzt, oder eine Giraffe, die dort ihren Morgendurst löscht. Im September und Oktober hält sich eine besonders große Zahl von Tieren am Fluß auf: riesige Steppenzebraherden, viele Kuhantilopen und aufgelockerte Giraffengruppen. Auf den Felsen nach dem Passieren der Brücke erwarten wir wie in all den vergangenen Jahren Klippspringer, bei denen hier in Tansania im Gegensatz zu anderen Gebieten Afrikas auch die Weibchen Hörner tragen. Vielleicht hat das bei dieser Art immer in Einehe lebende Paar dieses Jahr sogar ein Jungtier dabei.

Die Morgenfrühe ist die Zeit der jungen Impalaböcke. »Morning Exercise«, kommentiert der Warden, der sonst beim Genießen der Natur sehr schweigsam ist. Mit hochgestellten weißen Schwänzen sausen die jungen Böcke mit riesigen Sprüngen im Zickzack hin und her. Man hat das Gefühl, sie stören mit ihren Halbstarkenallüren absichtlich die große Mutter-Kind-Herde, die friedlich grast. Im sanften Wind schlagen die Kronen der hochstämmigen Borassuspalmen geräuschvoll gegeneinander. Ihre harten Wedel erzeugen regelrechten Lärm. Fast übertönt das den morgendlichen, immer aufgeregt klingenden Schrei der Frankoline. Der Ruf des Schreiseeadlers hallt vom tiefer gelegenen Fluß hoch zu den Hügeln, er wird von dem Geräusch der Palmen wie von einem Trommelwirbel unterlegt.

Ein wenig weiter gelangen wir auf eine kleine Anhöhe, unter der der Tarangirefluß eine sanfte Wendung macht, so daß wir weit flußaufwärts und -abwärts sehen können. Einmal haben wir von diesem Platz aus siebenhundert Elefanten gezählt. Das ist eine unvorstellbare Menge an riesigen, grauen Tieren. Manchmal sieht man nur einige Dutzend. Selbst der Warden des Parks kann nicht voraussagen, wie viele Tiere sich dort jeweils aufhalten.

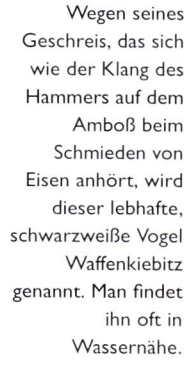

Wegen seines Geschreis, das sich wie der Klang des Hammers auf dem Amboß beim Schmieden von Eisen anhört, wird dieser lebhafte, schwarzweiße Vogel Waffenkiebitz genannt. Man findet ihn oft in Wassernähe.

An den Rändern stehender oder langsam fließender Gewässer findet man mitunter dichte, über mannshohe Schilfbestände, Ried- und Sauergräser, durchmischt mit Seerosen.

■ Die Verständigung, ja mehr noch, das Verstehen zwischen dem Besucher und den Afrikanern ist häufig verblüffend gut. Es funktioniert ohne viele Worte. Dabei sind Afrikaner bei Gott nicht wortkarg. In langen Erzählungen mit oft weit hergeholten und dennoch so unglaublich anschaulichen Beispielen schildern sie die Situation im Heimatdorf oder sprechen über politische Probleme in Südostasien. Safarifahrer und Leute vom Wildlife Management, also Wildschutzbeamte, aber auch Bedienstete der Lodges verstehen, was wir Europäer hier wollen. Sie haben eine so ungenierte Art, Touristen über die Verhältnisse in ihren Heimatländern auszufragen, daß sie sich von manchem ein treffendes Bild machen können.

Unsere Hektik in den zivilisierten Ländern kennen sie nicht nur aus Erzählungen. Gelegentlich fahren sie Industrie-Manager, die eine Familie Schabrackenschakale mit einem »Ok, let's go!« knapp zur Kenntnis nehmen, um ihr Gespräch über die Schwierigkeiten des Marktes ihrer Produktpalette nicht unterbrechen zu müssen. Zwar versteht der Fahrer die Sprache nicht, Sprachmelodie, explosive Lippenlaute, Gestikulieren und der fühlbar wichtige Ablauf des Gesprächs lassen ihn aber spüren, worum es geht. Die Hektik stößt ihn ab.

Ein langjähriger Freund und Fahrer beschämte uns einmal, als wir mit der ganzen Familie in einen harmlosen, aber heftig geführten Streit gerieten und uns dabei mit erhobenen Stimmen angifteten. Er hielt das Fahrzeug ohne ersichtlichen Grund an, drehte sich um, blickte uns an, bis wir verstummten, und sagte dann zwei Worte: »Minor problems!« Dann fuhr er taktvoll weiter. Wir hatten die afrikanische Mentalität ein bißchen besser kennengelernt.

Ein riesiger Trupp Paviane blockiert unseren Weg. Sie sind auf dem Marsch zu einem Futterplatz. Mit der gebotenen Eile, jedoch ohne Hast benutzen sie für diesen Marsch die Straße. Da ist es nicht so unangenehm feucht wie im tauüberzogenen Gras. Ein wenig zu fressen finden sie auch an den Straßenrändern, aber zunächst wollen sie nur den Futterplatz aufsuchen, zu dem die erfahrenen Weibchen zielstrebig hinziehen. Mit Fahrzeugen scheinen diese Affen vertraut zu sein, denn sie fliehen nicht. Mit Touristen haben sie offensichtlich weniger Berührung gehabt, denn sie betteln nicht, springen nicht auf das Fahrzeug, wie das in der Nähe viel besuchter Lodges in überlaufenen Nationalparks üblich ist.

Die Löwen, denen wir nach wenigen Minuten begegnen, haben gerade ein Gnu geschlagen. Wir brauchen im Tarangire-Park nicht in einer Fahrzeugschlange zu warten, bis wir einen guten Platz für zwei Erinnerungsfotos ergattern. Wir können in aller Ruhe beobachten, wie diese sonst miteinander so überaus friedlichen und zärtlichen Großkatzen knurrend, fauchend und auch mit uns Menschen voll verständlicher Drohmimik ihren Platz am blutigen Riß verteidigen. Später müssen wir uns entscheiden, ob wir den ersten Sattgefressenen folgen, um sie beim Trinken zu beobachten, oder ob wir erleben wollen, wie die letzten an der Reihe sind, sich an den kläglichen Resten gütlich zu tun. Sieben kräftige Löwen lassen von einem erwachsenen Gnu nicht viel übrig.

Tsetsefliegen sind in der Frühe noch träge. Das ist einer der Gründe, früh morgens nach Kleinen Kudus zu suchen. Sie leben in jenem Buschland, das die Tsetseplagegeister wegen seines Schattens so sehr lieben. Am Nachmittag wäre es hier unerträglich. Dann werden wir den Weg am Fluß vorziehen oder zum Burungisee fahren, allerdings können wir auf der Fahrt dorthin die Tsetsefliegen nur vermeiden, wenn wir Dachluken und Fenster fest schließen. Wenn aber ein Straußenpaar mit dreißig Jungen zu beobachten ist, wenn ein Grantbock in einer Herde von Grantgazellen ein Weibchen treibt oder wenn ein kleines Kitz unser Kindchenschema anspricht, wenn plötzlich eine große Herde Elenantilopen in einer Senke auftaucht oder

Löwen aller Altersgruppen leben im Rudel friedlich zusammen. Erwachsene Löwinnen, die alle miteinander verwandt sind, sorgen für eigene Kinder ebenso wie für fremde Jungtiere.

An diesem Aussichtspunkt an der Straße zwischen Mto wa mbu und dem Ngorongorokrater lohnt sich ein Stopp. Von hier aus sieht man an der teilweise sehr steilen westlichen Grabenwand entlang nach Süden.

wenn gleich darauf eine Gruppe Büschelohr-Spießböcke vor uns flüchtet, dann nehmen wir die Tsetsefliegen in Kauf und öffnen wieder Fenster und Dachluken.

Was soll man dem Tarangire-Nationalpark wünschen? Unverändert eine geringe Besucherzahl, damit man Tiere ungestört beobachten kann? Oder einen Touristenstrom, damit der Phototourismus Gewinne bringt? Es bleibt offen, ob die diskutierte Frage für Tansania zu den ›minor problems‹ gehört.

■ Das *Katavi-Schutzgebiet* im äußersten Süden Tansanias liegt inmitten großer Miombowälder, durchzogen von Sümpfen, überfluteten Flüssen und Seen. Viele Wasservögel, insbesondere Scharen von Pelikanen, gibt es hier. Man muß allerdings Kraftstoff, Ersatzteile, jedes Getränk einschließlich Wasser und alle Nahrungsmittel mitnehmen, wenn man das Gebiet besucht. Vor dem ebenfalls mitgenommenen Zelt schmeckt Selbstgebrutzeltes traumhaft, weil die Einsamkeit hier eine Einbindung in die Natur gewährleistet, die alle Eindrücke überstrahlt.

Wir sind zweimal mit Kleinflugzeugen über diesen Park geflogen, das gibt zwar einen großartigen Eindruck von der Landschaft, aber die Distanz des Flugzeugs vom Boden verändert viele Perspektiven. Einmal sind wir einen Tag für eine Stippvisite eingeflogen, von Wildhütern umhergefahren worden und dann mit demselben Flugzeug nach Ruaha zurückgekehrt. Aber bei unserer zweiten Begegnung mit Katavi haben wir die Entfernung auf dem Boden zurückgelegt und zwei Nächte bei den freundlichen Wildhütern verbracht. Katavi liegt ganz unverkennbar im Zentralafrikanischen Graben. Von der Flora und Fauna her ist es aber streckenweise schon mehr dem südlichen Drittel Afrikas zuzurechnen als dem typischen Tansania. Immerhin gibt es hier unten im Süden Pukus und Sassabys, also Antilopen, die Charaktertiere des südlichen Afrikas sind. Der See beeindruckt durch die Fülle der Wasservögel. Wenn gerade wenig Wasser vorhanden ist, so ist an den Rändern viel zu sehen, während die Vögel sich sonst in die Papyrus- und Riedgürtel verziehen. Die rote Wanderheuschrecke, zu deren Erforschung vor Jahren im Park eine wissenschaftliche Station eingerichtet wurde, hat hier eine wichtige Brutstätte und kommt häufig vor.

Der *Gombe-Nationalpark* schließlich ist wegen der Schimpansenkolonie, in der Jane Goodall forschte, wegen der Paviane und anderer Affenarten, die in diesem hügeligen Gebiet am Tanganyikasee leben, berühmt geworden. Gombe ist allerdings schwierig zu erreichen; am einfachsten fliegt man von Dar-es-salaam nach Kigoma und fährt mit dem Auto weiter. Die Unterkunft ist recht einfach, meist ist der Reisende auch Selbstversorger. Empfehlenswert ist eine Bootsfahrt auf dem Tanganyikasee, der auch zu einem abkühlenden Bad einlädt.

Der gewaltige Affenbrotbaum ist Lebensraum für viele Tiere, wie Vögel, kleine Nagetiere, Echsen, Insekten und Spinnen. Alle finden im Baobab von der Krone bis zum Wurzelwerk Wohnung, Nahrung, Unterschlupf und Schatten.

Wie alle Hundeartigen wird auch dieser Schabrackenschakal von vielen Hautparasiten geplagt. Das Kratzen mit der krallenbewehrten Hinterpfote gehört zum sogenannten Komfortverhalten. Diese Art lebt paarweise, oft in Dauerehe, beide Eltern ziehen den Nachwuchs groß.

Vom dritten Monat an reiten die jungen Paviane, die bis dahin sich unter dem Bauch der Mutter in deren Fell festklammern, auf dem Rücken der Mutter.

Erwachsene Impalaböcke errichten und verteidigen Fortpflanzungsterritorien. Darin versuchen sie, durchziehende Weibchenherden so lange wie möglich festzuhalten, um sich mit recht vielen Weibchen zu paaren.

Wegen ihres hohen Bedarfs an pflanzlicher Nahrung müssen Elefanten Tag und Nacht fressen. In der heißen Mittagssonne jedoch gönnt sich diese Familie eine Pause im Schatten eines großen Baumes.

Wegen seines gegabelten Schwanzes heißt dieser Vogel Gabelracke. Die Art ist in Afrika sehr weit verbreitet und bevorzugt erhöhte Sitzplätze, um nach Beute – Insekten und Kleintiere – Ausschau zu halten.

Auf dem Boden wirken Pelikane mit ihrem watschelnden Gang plump und unbeholfen. Im Wasser zeigen sie bei der gemeinsamen Jagd nach Fischen erstaunliche Beweglichkeit. In der Luft sind sie die elegantesten Segelflieger, die man sich denken kann.

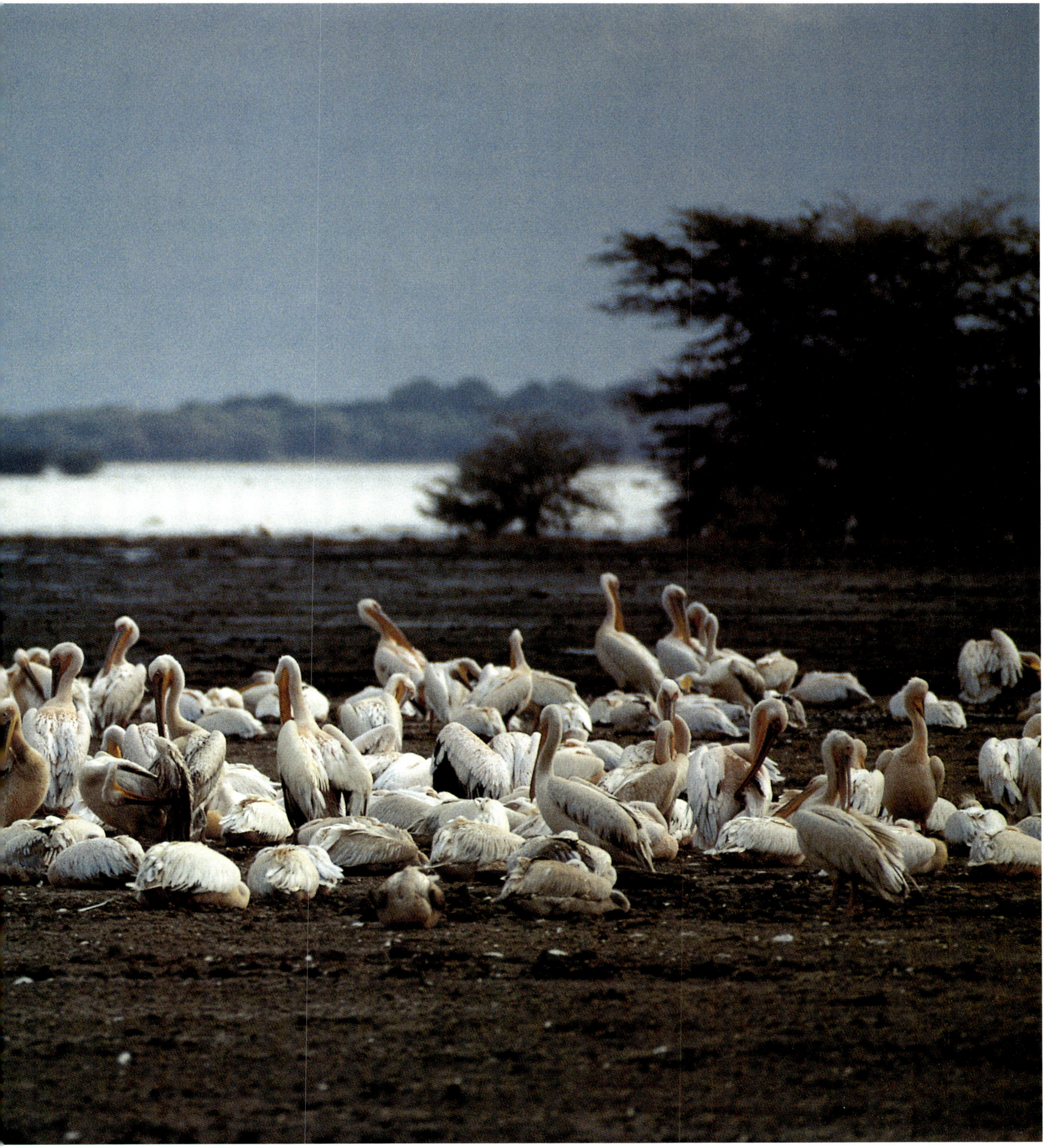

Der Graukopfliest gehört zur Familie der Eisvögel. Mit seinen trillernden Lauten und seinen brillant leuchtenden Farben – zu Recht wird er als fliegender Edelstein bezeichnet – zieht er alle Aufmerksamkeit auf sich.

Aus einem auffliegenden Schwarm von Kuhreihern kann man oft schon aus großer Entfernung auf das Vorhandensein einer Büffelherde schließen. Beim Grasen scheuchen die Büffel Insekten und anderes Getier auf, das den Kuhreihern als Nahrung dient.

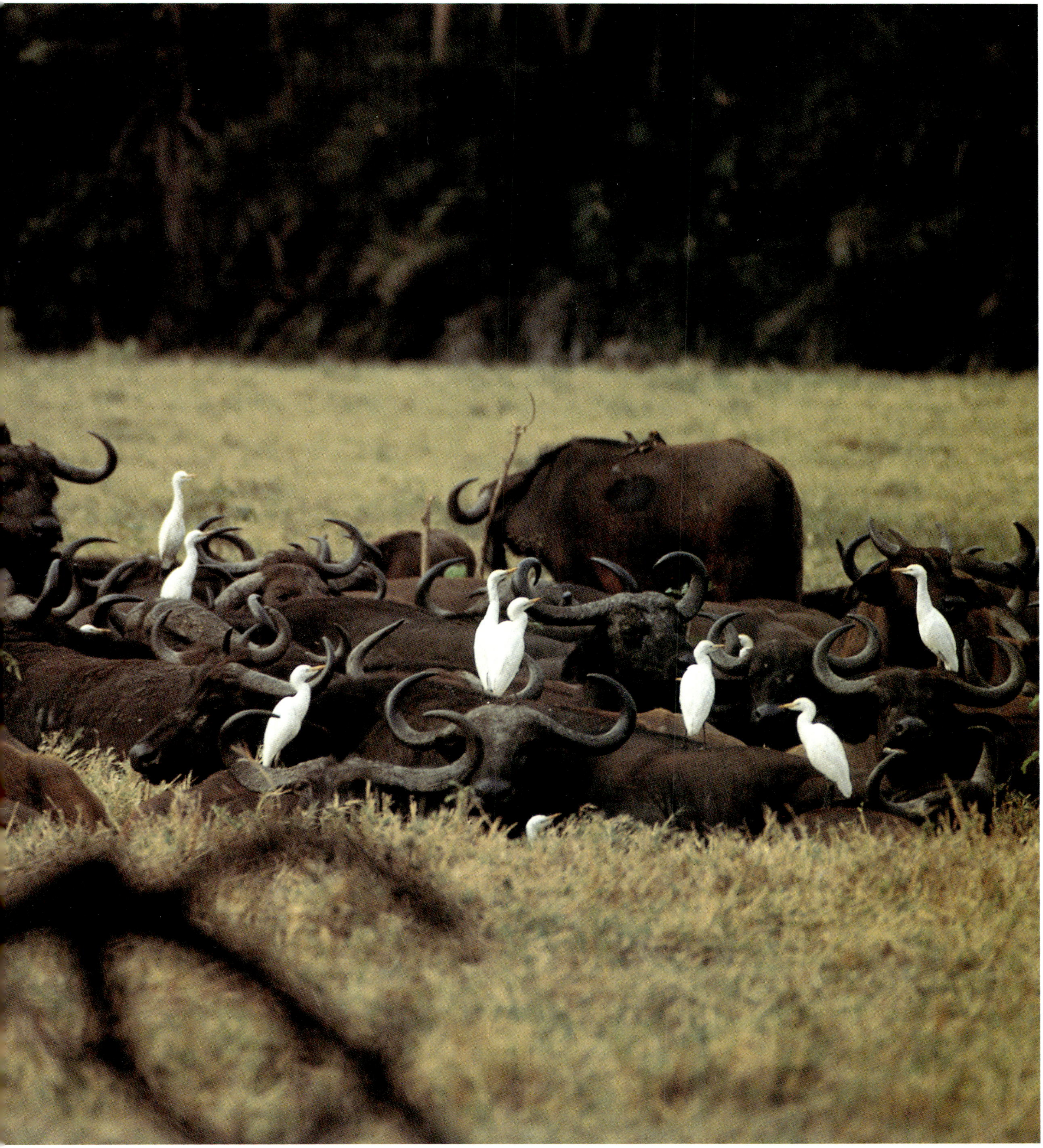

▬ Die Masai sind Viehnomaden, für die insbesondere Rinder einen hohen Wert haben. Auch in der Mythologie dieses Volkes spielen die Rinder eine große Rolle. Zur Kolonialzeit, aber auch gegenüber ihren jetzigen Regierungen haben sich die Masai lange geweigert, seßhaft zu werden. Doch die Beharrlichkeit, mit der sie ihre vielfältigen Traditionen gegen alle Einflüsse der Zivilisation bewahrt haben, beginnt zu bröckeln. Die Gummistiefel und die blaue Kappe des Mannes im Vordergrund sind deutliche Anzeichen dafür.

**Gletscher und Bergwald
über der Savanne – am Kilimanjaro**

■ Das gewaltige Bergmassiv des **Kilimanjaro** verkörpert Afrika wie kaum etwas anderes. Das Besondere an diesem Berg ist, daß er geradezu aus der Ebene herauswächst. Bei klarem Wetter sieht man ihn von Kenias Hauptstadt Nairobi wie vom halben Wege auf der Straße von Arusha nach Tanga. Wuchtig ragt sein gletscherbedeckter Kegel, oft genug von einem Wolkenkranz umgeben, über das Land. Die Frage, was Kilimanjaro heißt, wird keineswegs einheitlich beantwortet. *Mlima* ist Suaheli und heißt der Berg. Die Vorsilbe Ki- vor einem Hauptwort ist eine Verkleinerungsform. So ist *mtoto* ein Kind, *kitoto* ein kleines Kind. Ki- als Vorsilbe ist aber zugleich eine Verniedlichung oder eine Koseform. *Mpenzi* ist eine geliebte Person, ein Liebling. Die Benutzung des Wortes *Kipenzi* – also mit der Vorsilbe Ki- – drückt eine ganz besonders liebevolle Intimität aus. Wenn man weiß, wie die Afrikaner ihren Kilimanjaro lieben, kann man sich leicht vorstellen, daß sie sprachlich diesen *mlima* durch die Vorsilbe Ki- zu einem *kilima* nicht im Sinne eines kleinen Hügels, sondern im Sinne eines geliebten Berges machen wollen.

Schwieriger ist die Deutung des *njaro*. Im Kichagga, der Sprache der Wachagga, die an den Hängen des Kilimanjaro leben, heißt *njaro* soviel wie eine Karawane. Man weiß, daß der Berg den Karawanen in der Vergangenheit als weithin sichtbare Landmarke gedient hat. Eine andere Möglichkeit der Übersetzung wäre, ein Masaiwort heranzuziehen. Die Masai verstehen unter *ngare* eine Quelle, den Oberlauf eines Flusses oder nur einfach Wasser. Bei den gewaltigen Wassermassen, mit denen der Kilimanjaro seine Umgebung versorgt, wäre es denkbar, ihn in sprachlicher Abwandlung des *ngare* zu *njaro* als geliebten Berg des Wassers zu bezeichnen.

Das Massiv hat an seinem Grunde einen Durchmesser von achtzig mal fünfzig Kilometern, dessen Achse von Südwest nach Nordost verläuft. Sein höchster Gipfel, der Kibo (5895 Meter), wird als Uhuru Peak bezeichnet, nach der im Suaheli Uhuru genannten Unabhängigkeit. Am 9. Dezember 1961, dem Tag der Unabhängigkeit, wurde dort auf dem Gipfel die Nationalflagge Tanganyikas von einem jungen Offizier der Armee gehißt.

Der Kibo sieht von unten abgeplattet aus, bei einem Flug über den Berg erkennt man, daß in der Caldera mit zweitausend Meter Durchmesser ein Innenkrater, der sogenannte *Reusch Crater* mit 820 Meter Durchmesser, vorhanden ist, aus dem, umgeben von Eis und Schnee, Schwefelverbindungen als heiße Gase entweichen. In seiner Mitte befindet sich ein schneefreier 120 Meter hoher Aschekegel. Der Kibo ist also noch nicht erloschen, sondern ein ruhender Vulkan. Zwölf Kilometer östlich vom Kibo ragt der zerklüftete, von Verwitterung verschont gebliebene, harte Lavapfropf des Mawenzi mit einer Höhe von 5149 Metern auf. *Mawenzi* ist ein Suaheliwort und bedeutet Freund, Gefährte, in diesem Fall Gefährte des Kibo. Der Shirakamm westlich vom Kibo mit 3942 Metern Höhe ist das älteste Zentrum des Vulkanismus, zugleich ist der Shira als erster Vulkan erloschen. Das gesamte Kilimanjaromassiv erhebt sich 4800 Meter über die flache Savannenumgebung. Es ist ein erdgeschichtlich junges Massiv, das seine Gestalt häufig geändert hat. Vor 750 000 Jahren begann der Kilimanjaro in die Höhe zu wachsen. Unsere eigene Gattung existierte zu diesem Zeitpunkt schon dreimal so lange auf der Erde. Alle drei jetzigen Gipfel waren ursprünglich wesentlich höher als heute. Der Shirakrater stellte seine Tätigkeit vor 500 000 Jahren ein. Kibo und Mawenzi wurden unter Vermischung ihrer Lavaausflüsse immer höher, sie wuchsen also gleichzeitig. Der Mawenzi wurde höher als der Kibo und nach dem Shira als nächster inaktiv. Seine Vulkankegelwandung verwitterte, der Lavakern blieb als sogenannter Härtling stehen. Der Kibo verlor seine ursprüngliche Höhe durch das Entstehen der Caldera. Der **Kilimanjaro-Nationalpark** hat seine Grenzen rings um den Berg herum in einer Meereshöhe von 2700 Meter.

Am prachtvollsten wirkt der Kilimanjaro aus der Ferne. Man muß in der Ebene stehen, um zu sehen, wie sich das Massiv in den Himmel reckt. Die Wachagga, die durch ihren Kaffeeanbau und ihre handwerklichen Fähigkeiten berühmt sind, erzählen die Geschichte von der Entstehung *ihres* Berges.

Es gab eine Zeit, in der die Erde mit dem Himmel redete. Weil das, was die Erde aus den flachen Ebenen emporrief, dort oben nicht so genau gehört werden konnte, reckte sie sich dem Himmel entgegen. Was die Erde dem Himmel zu sagen hatte, schien diesen nicht zu interessieren. Zurückzukommen und wieder zur Ebene zu werden schien dem Berg zu aufwendig, und er meinte, vielleicht würde sich später eine Gelegenheit ergeben, vom Himmel gehört und verstanden zu

Aus der fruchtbaren Umgebung der nordtansanischen Metropole Arusha kommen die Frauen zum Markt und bieten dort große Mengen von Bananen – meist Knochbananen – zum Verkauf an. Sie tragen ihre schwere Last häufig auf dem Kopf.

werden. So blieb der Kilimanjaro einstweilen dem Himmel nahe. Vielleicht kommt das Gespräch ja irgendwann einmal zustande.

Den Berg selbst zu besteigen und zu erkunden ist nur kräftigen, durchtrainierten Bergsteigern möglich. Sie schwärmen von dieser Bergtour, die nicht besonders steil ist und kein bergsteigerisches Geschick im Klettern erfordert. Die Gesamtanstrengung in der dünnen Luft der großen Höhe und der ungewohnten Kälte gegenüber der Wärme in der Savanne jedoch würde den unerfahrenen Bergsteiger überfordern. Aber auch die unteren Partien des Bergwaldes mit seinen Steineiben und Kossobäumen, seinem undurchdringlichen Grün und Arten- reichtum sind faszinierend.

Auf diesen kurzen Strecken sieht man mit Glück einen Buschbock, eine Diademmeerkatze, Spuren und Ausscheidungen von Büffeln und Elefanten. Man erblickt hier mal einen Zimtbrust-Bienenfresser, dort einen Glanzhaubenturako, eine Stahlflecktaube oder einen Takazze-Nektarvogel.

Der Wald ist ein Erlebnis ursprünglichen Bergwaldes, einer Pflanzenwelt von unvorstellbarer Üppigkeit. Grün in Grün, in allen Abstufungen. Die Spitze des Kilimanjaro bekommt man allerdings von diesen Wegen aus nie zu Gesicht, auch die Zonierung des Bergwaldes ist nicht erkennbar.

■ Alter, Entstehung und weitere geographische Besonderheiten des *Meruberges* im *Arusha-Nationalpark* ähneln denen des Kilimanjaromassivs. Das Merumassiv liegt in einem nach Osten verlaufenden Querast des Ostafrikanischen Grabens. Der heute 4565 Meter hohe Meruberg ist ebenfalls ein Schichtvulkan. Das Erleben des Bergwaldes ist hier jedoch anders als am Kilimanjaro. Am Meruberg gibt es offene Stellen, von denen man in der Ferne die Momellaseen schimmern und die Grasflächen im Arusha-Nationalpark durchscheinen sieht. Dem Gipfel des Berges kommt man recht nah, und man kann beobachten, wie der Pflanzenwuchs in der Höhe immer spärlicher und ärmlicher wird. Die Pflanzenwelt mit Riesenkreuzkräutern und Riesenlobelien, die als meterhohe Bäume wachsen, während sie bei uns zu Hause als kleine Pflänzchen im Blumenkasten gerade eben die Balkonbrüstung erreichen, mit in zarten Pastelltönen blühenden Helichrysumarten – unseren Strohblumen verwandt – und mit von Flechten bewachsenen Bäumen nimmt den Betrachter gefangen und bezaubert das Auge. Umgestürzte Baumriesen, Dracaenabäume, dicht wuchernde, gelbblühende Hartheugewächse machen ein Eindringen in den grünen Wald unmöglich. Hin und wieder tut sich einmal eine kleine Lichtung auf, die die Sonne einfängt, während man sonst von Kühle, Feuchtigkeit und Dämmerlicht umgeben ist. Auch an den Hängen des Meruberges drängt sich die Tierwelt nicht auf. Buschböcke, Diademmeerkatzen, Colobusaffen (schwarzweiße Guerezas) und die Vögel der Bergwälder kann man nur manchmal im Dunkel des Waldes ausmachen.

Der Pflanzenwuchs an den hohen Bergen läßt eine sehr deutliche Zonierung erkennen. In Abhängigkeit von der Höhenlage ändern sich Temperatur und Regenfall. Am Fuße des Kilimanjaro oder des Meru bietet sich ein typischer Bergwald dar. In den unteren Abschnitten herrschen Albizien und Steineiben vor. Der Wald ist dicht und ist das Hauptauffanggebiet für das Regenwasser, von hier aus werden die Flüsse und die unterirdischen Quellen am Fuße des Massivs mit Wasser versorgt. Am Kilimanjaro fehlt die Bambuszone vollständig. Zumindest am Südhang des Meruberges ist sie noch deutlich erkennbar, sie befindet sich zwischen der tiefer gelegenen Steineibenzone und der höher gelegenen Zone mit Kossobäumen und Hartheugewächsen. Ab dreitausend Metern ist der Übergang in die Baumheidezone, die bis in die Höhe von 3500 Metern reicht und an flachen Stellen von Mooren unterbrochen wird. Bei viertausend Metern beginnt dann die bewuchslose alpine Zone. Zwischen dieser und den Hochmooren kommen Riesenkreuzkräuter und Riesenlobelien vor. An den Südosthängen der Berge fällt meist mehr Regen als an den Nordwesthängen, so daß die Grenzen zwischen den Vegetationszonen nicht waagerecht verlaufen.

Vom Rande des Ngurdotokraters kann man mit etwas Wetterglück – besonders am frühen Morgen oder gegen Abend – gleichzeitig den Kilimanjaro und den Meruberg sehen. Das saftige Grün des Kraterbodens ist genauso ein ästhetischer Vordergrund für den Kilimanjaro wie die blauen, manchmal von Flamingos rosarot gesäumten Momellaseen, die den Himmel widerspiegeln. Auf den offenen Flächen des Arusha-Nationalparks und an den Momellaseen zeigt die Tierwelt ihre ganze Vielfalt. Giraffen, Wasserböcke, Buschböcke, Warzen- und Riesenwaldschweine kommen hier zur Tränke, Paviane, Diademmeerkatzen und Colobusaffen sitzen in den Bäumen. Pelikane, Flamingos, seltene Entenarten, Watvögel, aber auch Vögel des Waldes sind hier zu Hause.

Verwaltungsmäßig liegt der Kilimanjaro im gleichnamigen Bezirk, der Meruberg liegt am Ostende des Arusha-

Viele Lodges in Afrika bestehen aus Rundhütten, die äußerlich den Hütten der örtlichen Bevölkerung nachempfunden sind, dabei aber guten Komfort bieten. Die Gartenanlagen um die Mountain Village Lodge in der Nähe von Arusha werden liebevoll gepflegt.

Distriktes. Die Wachagga sind an den Hängen des Kilimanjaro wie auch des Meru sehr erfolgreiche Kaffeeanbauer. Die fruchtbare graubraune Vulkanerde des Kilimanjaro und des Meruberges ist besonders dafür geeignet. Lange bevor die Europäer kamen, beherrschten die Wachagga bereits die Technik, ihr Land zu bewässern. Sie legten schmale Gräben an, die quer zu den von den Bergen herabströmenden Bächen das Land mit Wasser versorgten. So wurden sie für den Anbau von Bananen und später auch von Kaffee von den Regenfällen völlig unabhängig. An den niedrigeren Berghängen bauen die Wachagga Mais, Bohnen und Hirse an. In den höheren Berglagen bis zu 2500 Meter Höhe haben sie ihre Bananengärten und Kaffeeplantagen. Es gibt zwei Kaffeearten, Coffea arabica und Coffea robusta. An den Berghängen gedeiht Coffea arabica besser, der im übrigen auch einen höheren Preis erzielt, allerdings kühlere Temperaturen bevorzugt und viel Wasser benötigt im Gegensatz zur Robustaart, die im Flachland Tansanias angebaut wird.

■ Die Stadt *Arusha* ist das touristische Zentrum Nordtansanias. Es ist eine betrübliche, aber leider unübersehbare Realität, daß die Stadt langsam verkommt. Die gleich nach der Unabhängigkeit mit viel Elan errichteten neuen Gebäude werden nicht mehr gepflegt, die aus der Kolonialzeit übernommenen Straßen nicht mehr unterhalten. Zugleich wächst die Bevölkerung erheblich. Der Zustrom von Menschen aus ländlichen Gebieten ließ Traditionen und Kulturen aufeinandertreffen, die von den neuen Städtern nicht immer weiter bewahrt werden konnten. Damit entfielen das Leben ordnende und strukturierende kulturelle Anweisungen, traditionelle Tabus und Richtlinien. Mit den Segnungen moderner Zivilisation hatte man noch keine rechte Erfahrung. Im Busch gab es kein Müllproblem. Nahrungsreste, Material für Hausbau, Gerätschaften waren der Natur entnommen, sie verwesten, fielen ohne weitere Vorsorge einem natürlichen Verwitterungsprozeß anheim. War ein Hüttendach kaputt, wurde es, erst wenn es durchregnete, mit vor der Haustür wachsendem Material repariert, das nicht bestellt, verpackt, verladen, transportiert und bezahlt werden mußte. Das Loch einer defekten Lehmwand wurde zugeschmiert, wenn es zu groß wurde. Den Lehm holte man aus der Nähe. Ein umgefallener Baum, der einen Trampelpfad zur Wasserstelle blockierte, wurde umgangen. Ein neuer Weg wurde angelegt. Am Fluß wusch man die Wäsche und auch sich selbst, nachdem man vorher Frischwasser geschöpft hatte.

Die Selbstverständlichkeit solcher Lebensgewohnheiten ist für das Leben der Neuankömmlinge in der Stadt eine schlechte Richtlinie. Denn hier sind die Dächer aus Wellblech, Wände sind verputzt und gestrichen, Nahrungsmittel stecken in Aluminium, sind in Folien gewickelt, in Kartons verpackt. Ein nicht entferntes Hindernis auf einer Asphaltstraße kann nur unter massiver Zerstörung der Bankette umfahren werden. Das sind nur einige Denkanstöße, die erklären könnten, warum Arusha seinen städtischen Charakter immer mehr verliert.

Was im Busch an Erhaltungsmaßnahmen vernünftig ist, bedeutet hier bestenfalls kurzlebige Improvisation. Mit großem Einfallsreichtum werden Zivilisationsgüter aus dem Stegreif mit abenteuerlichen Einfällen funktionsfähig gehalten. Improvisation bei der Beseitigung von arglos wie im Busch fortgeworfenen Materialien scheitert an der Unzerstörbarkeit von Plastik und Aluminium durch natürliche Kräfte. Wenn es in Arusha gar nicht mehr geht, wird ein altes Haus eben nicht mehr repariert, sondern abgerissen und neu gebaut, eine total zerfahrene Straße neu asphaltiert und der Müll in ein wasserarmes Flußbett geworfen, das man noch vor 25 Jahren begrünt und höchstens von Ziegen beweidet sah. Der auf touristischen Prospekten so gepriesene und sich früher auch so darbietende malerische Markt in Arusha lädt nicht mehr unbedingt zu einem Bummel ein. Damals hingen die bunten Stoffe neben goldgelben Bananen an den waagerechten Ästen riesiger Bäume, unter denen Pyramiden aus grünen Paprikaschoten, roten Tomaten und gelben Zwiebeln neben Körben voller duftender Gewürze auf dem sauber gefegten Fußboden standen. Nur ein bis zwei Jahre waren die Markthallen, denen manche dieser Bäume zum Opfer fielen, in Ordnung gehalten. Dann hatte ein Sturm Teile des Daches zerfetzt, Mauerwerk bröckelte, und der erste massive Regen hatte den farbenfrohen Anstrich abgewaschen.

Die Armut ließ alle nicht zum unmittelbaren Überleben gehörenden Güter nach und nach aus dem Handel verschwinden. Ein paar meist von Indern betriebene *Dukas*, wie man im Suaheli Läden aller Art nennt, sind noch vorhanden, aber sie haben nicht mehr den Standard und die Warenvielfalt von früher. Die lange, 1977 staatlich verordnete Pause im Tourismus mit geringen Deviseneinnahmen gerade für den Kleinhandel in Arushas Straßen macht sich auch heute noch bemerkbar, obwohl der Tourismus zunehmend stär-

Früher wurden Hirse, Mais und andere Getreidemehle unter freiem Himmel angeboten, wie das auch heute noch in den kleinen Dörfern üblich ist. In Moshi hat man dafür als Konzession an die moderne Zeit eine Markthalle gebaut. Draußen war es malerischer.

ker geworden ist. Man konnte nicht mehr dort anknüpfen, wo man aufgehört hatte, zuviel Substanz war verbraucht.

Zugleich aber wuchs nun Stück für Stück ein neues Arusha mit Banken, Verwaltungsgebäuden internationaler Konzerne, Behörden und Regierungsgebäuden. Halbfertige Hotels wurden zu Ende gebaut, und es steht nun neu neben alt. Der Schritt von gestern nach heute fällt uns Europäern mit einer langen Zivilisationserfahrung schwer genug, wie täglich Beispiele bei uns zeigen. Der Spagat, den die Afrikaner sich zumuten, von vorgestern nach übermorgen, kann leicht mißlingen. *Uhuru* kam vielleicht zu früh, zumindest traf sie die Afrikaner zu unvorbereitet. Viele lösen sich nur langsam von der Vorstellung, den westlichen Weg anstreben zu müssen. Sie merken, daß sie dabei immer einer Entwicklung hinterherhasten müssen, die selbst die Bürger reicher Länder in Atem hält. Aber eine Patentlösung gibt es nicht. Zurück, wie einige Utopisten glauben, auch uns Europäern als das Heil preisen zu müssen, können und wollen auch die Afrikaner nicht. Aber weiter vorwärts ist auch nicht einfach. Auch hier stellt sich die Frage nach dem Wohin. Und erst recht die Frage nach dem Wie. Arusha am Fuße des Meruberges symbolisiert diese bedrückende Ausweglosigkeit.

Trotzdem sind die Gesichter der Bewohner offen, freundlich, froh. Sie spiegeln eine natürliche Zuversicht wider: »Es wird schon werden!« Die Afrikaner haben längst begriffen, daß das ungebremste Bevölkerungswachstum ihnen Gefahren bescheren wird, gegen die heutige Probleme harmlos sind. Unsere Freunde in Afrika, in deren Familien wir von einem Besuch zum nächsten von einem noch süßeren Baby überrascht werden, sagen jedesmal: »Dies ist nun das letzte, ganz bestimmt!« Aber diese Einsicht verfliegt dann doch zugunsten der tief in ihrem Inneren verwurzelten Überzeugung, daß viele Kinder Lebensziel und -zweck sind und vor allem Lebensqualität bringen. So war es immer. So ist es aller wohl verstandenen Aufklärung zum Trotz noch heute, aber Mungu, wie Gott auf Suaheli heißt, oder Engai, wie die Masai Gott nennen, wird Rat schaffen. Im Vertrauen darauf arbeiten die Leute in Arusha also weiter, auf der Baustelle der neuen Moschee ebenso wie in den schlammigen Slums, in der schmucken Uniform des Kellners im Mount Meru Hotel wie in den abgerissenen Fetzen eines Bettlers.

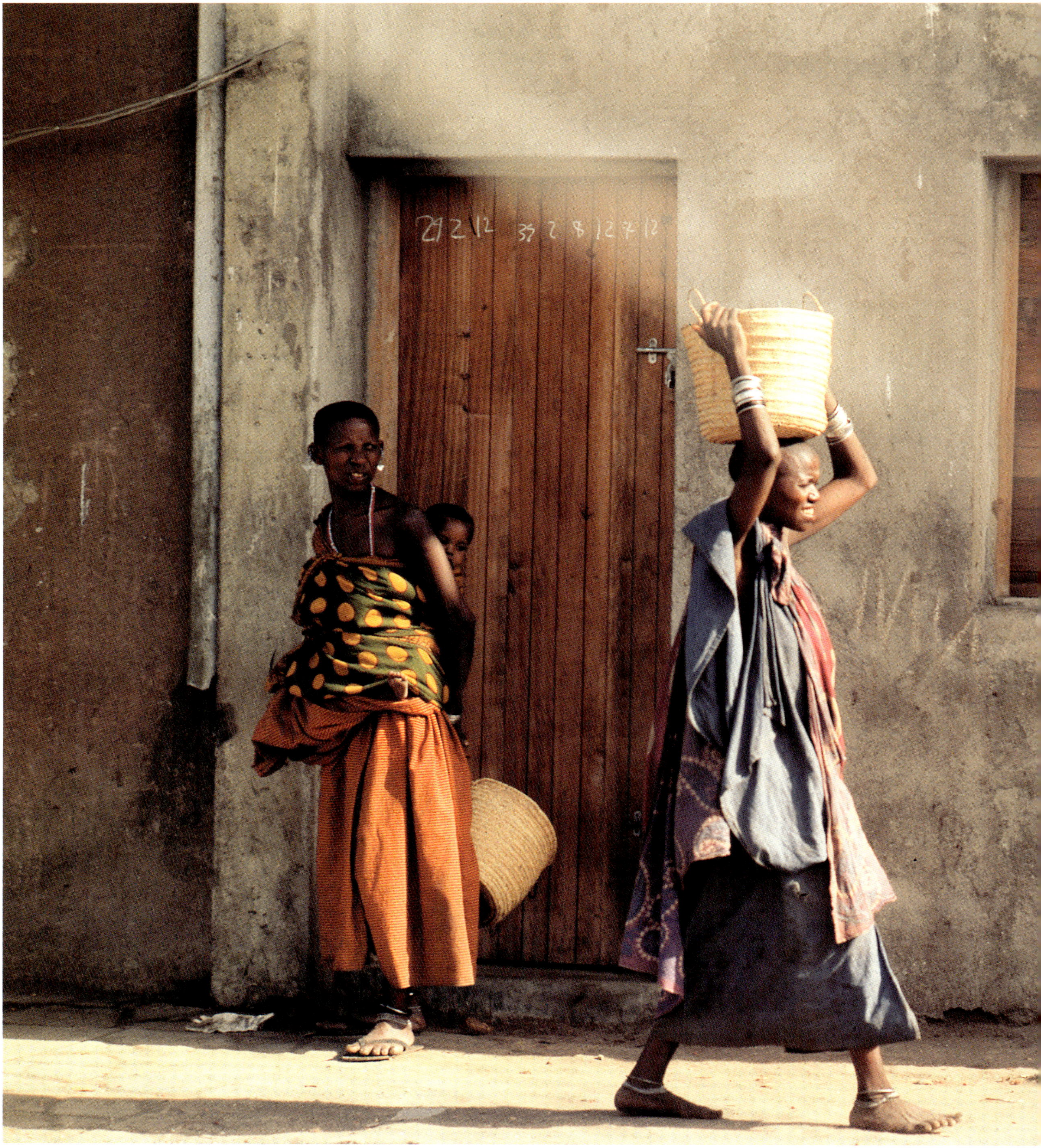

Die traditionelle Kleidung der Frauen und ihre skeptischen Blicke zeigen, daß sie nur selten aus ihrer dörflichen Umgebung in die ungemein geschäftige Stadt Arusha kommen.

Obwohl das Land geographisch als Masaisteppe bezeichnet wird, leben hier viele bantuide Afrikaner, die auch Ackerbau betreiben. In zügigem Schritt legen sie große Strecken von Dorf zu Dorf zurück.

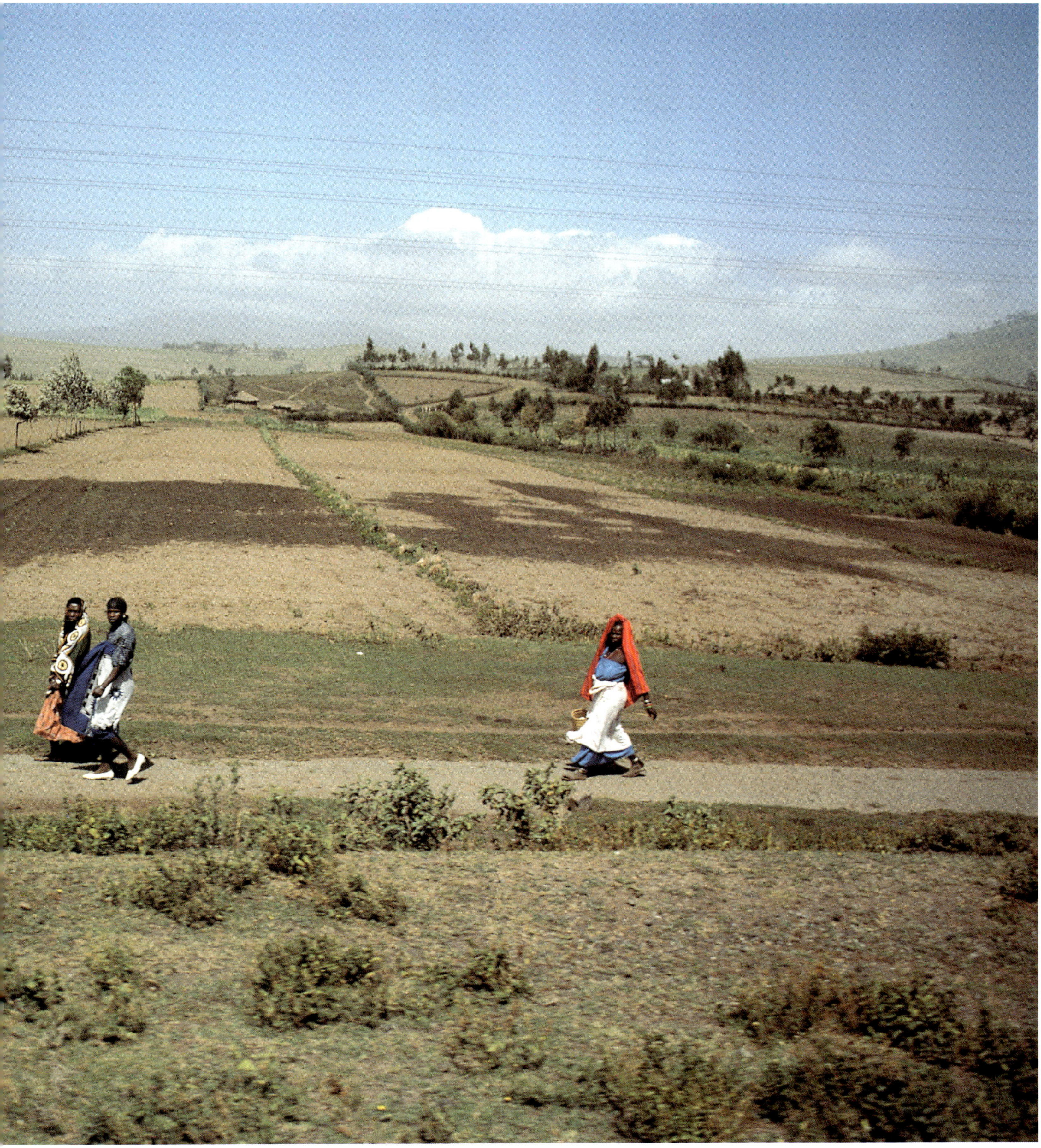

Von den Momellaseen im Arusha-Nationalpark hat man bei klarem Wetter einen großartigen Blick auf Afrikas höchsten Berg, den Kilimanjaro. Wenn man etwas Glück hat, sind die Seeufer mit einem rosaroten Band von Flamingos gesäumt.

Der Kibo, höchster Gipfel des Kilimanjaromassivs, trägt an seiner Südostseite nur wenig Schnee und Gletschereis. Im Hintergrund taucht aus dem Dunst der Ebene der ebenfalls vulkanisch entstandene Meruberg auf

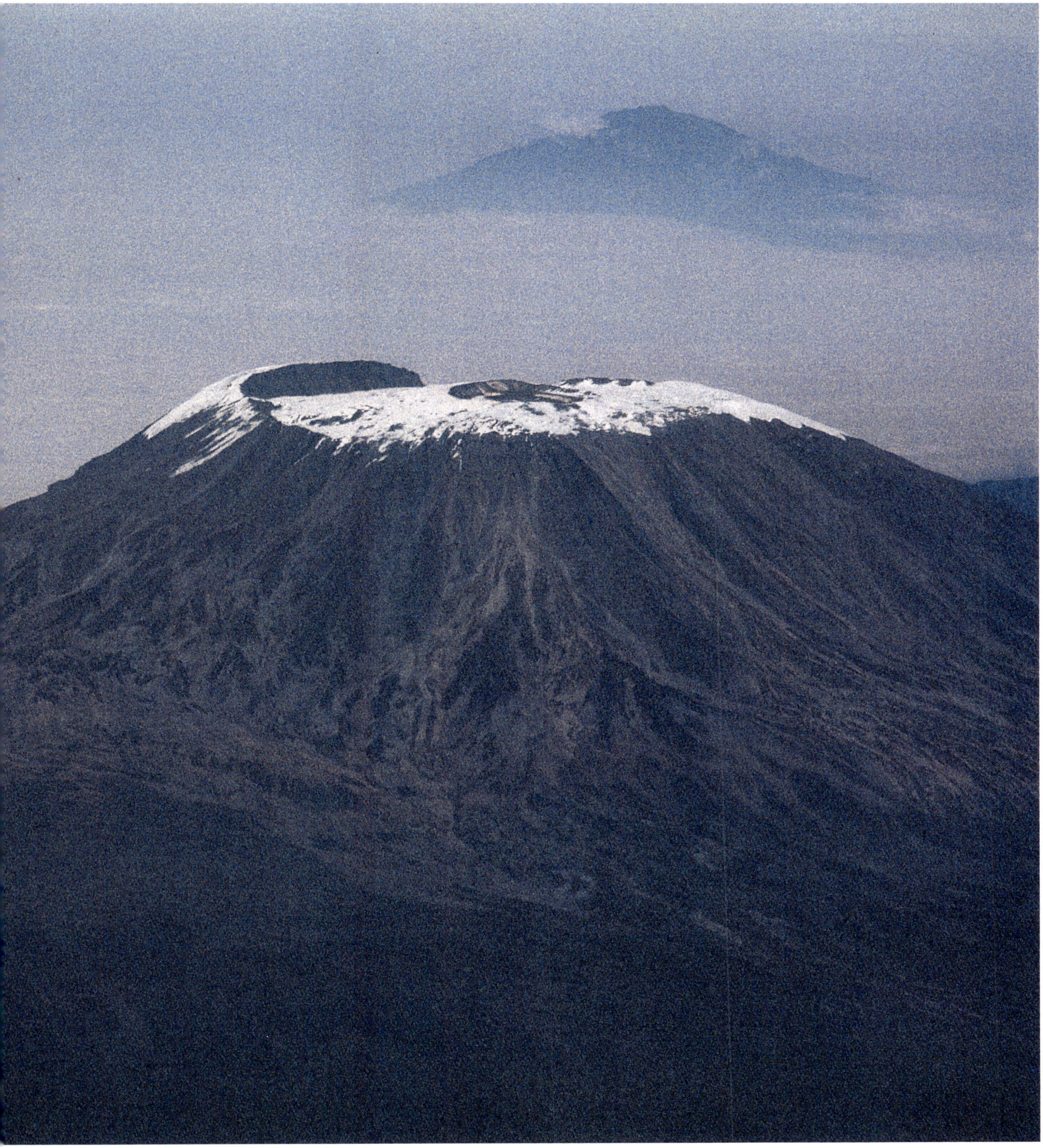

■ Im weltberühmten Serengeti-Nationalpark ist die weite, offene, flache, nur gelegentlich etwas hügelige Gras-Savanne die beherrschende Landschaftsform. Hin und wieder unterbrechen ein paar Schirmakazien die unendliche Weite. Von dem Gras der Serengeti und der angrenzenden Gebiete ernähren sich riesige Wanderherden, die in einem Jahreszyklus durch das gesamte Ökosystem ziehen. 1993 waren rund 1,5 Millionen Weißbartgnus und mehrere Hunderttausend Zebras und Thomsongazellen an den Wanderungen beteiligt.

**Riesiger See
und endlose Gras-Savannen**

■ Erst 1861 wurde der *Viktoriasee* von dem Engländer John Henning Speke, der von Tabora aus das Südufer erreichte, entdeckt. Beim ersten Anblick des riesigen Sees gewann Speke die feste Überzeugung, die immer noch nicht gefundene Quelle des Nils vor sich zu haben. In Großbritannien jedoch hielt man die Entdeckung des riesigen Sees, der auch noch der Ursprung des größten afrikanischen Flusses sein sollte, für ein Hirngespinst Spekes. Erst als der in England geborene, in Amerika arbeitende Journalist Henry Burton Stanley 1875 der Welt bestätigte, daß inmitten Afrikas tatsächlich ein so großer See, den auch er für die Quelle des Nils hielt, existierte, wurde der Entdeckung Spekes, der inzwischen auf rätselvolle Weise bei einem Jagdunfall ums Leben gekommen war, Glauben geschenkt. Derselbe Stanley war es übrigens, der von einer großen amerikanischen Zeitung ausgeschickt wurde, um den verschollenen englischen Forscher David Livingstone zu suchen. Er fand den Schwerkranken im Hafenort Ujiji am Ostufer des Tanganyikasees und sprach dabei die überflüssigen, aber die strengen Formen der damaligen Zeit wahrenden Worte: »Mr. Livingstone, I presume.«

Mit 75 000 Quadratkilometern ist der Viktoriasee der zweitgrößte See der Erde. Er hat eine sehr geringe Tiefe von maximal achtzig Metern. In den letzten 15 000 Jahren hat der See große Wasserstandsveränderungen durchgemacht. Ursachen dafür waren langfristige Schwankungen der Menge des durchschnittlichen Regenfalls sowie der Temperatur und der dadurch bedingten Verdunstung dieses Sees, der außer dem Nil keinen Ausfluß besitzt. Ein starkes Ansteigen des Wasserspiegels erfolgte zuletzt 1960. Die dadurch bedingten ökologischen Folgen sind noch nicht wissenschaftlich erforscht, geschweige denn aufgeklärt. Es entstanden so überflutete Gebiete, in denen noch heute tote Bäume stehen, mit Papyrus bewachsene Lagunen und sumpfige Habitate, die hier sonst nicht vorkamen. Wahrscheinlich haben solche Faktoren auch bei der Entstehung jenes weit um den See herum ausgedehnten Gebietes eine große Rolle gespielt, das wir heute Lake-Victoria-Becken nennen.

Der Viktoriasee ist ausgesprochen fischreich. Es wird diskutiert, ob die erwähnten Veränderungen des Sees für die Entwicklung so vieler Buntbarscharten verantwortlich sind, die ursprünglich als Flußfische in den früheren westlichen Zuflüssen des Sees lebten und im stehenden Gewässer des Viktoriasees vielfältige neue Bedingungen vorfanden, an die sie sich schnell anpaßten. Mit dem unterschiedlichen Wasserstand waren natürlich auch unterschiedliche Salzkonzentrationen verbunden. Große Regenmengen ›verdünnten‹ den Salzgehalt, lange Trockenperioden mit erheblicher Verdunstung ließen diesen ansteigen. Das forderte wiederum von den Fischbeständen Anpassungen, die schließlich die Entstehung neuer Arten begünstigten. In der Fischbesiedlung nehmen die Buntbarsche die wichtigste Stellung ein. Es gibt vier Gattungen, die auf den Viktoriasee beschränkt sind. Eine dieser Gattungen heißt Haplochromis, sie ist Aquarianern gut bekannt, weil einige ihrer Arten beliebte Zierfische sind. Im Viktoriasee gehören allein 150 Arten dieser Gattung an. Fünfzig weitere Arten sind den drei anderen Buntbarschgattungen zuzurechnen. Aber auch nicht zu den Buntbarschen gehörende Fische sind in fünfzig nur hier vorkommenden Arten vertreten.

In der guten Absicht, die Erträge der Fischerei zu steigern, hat man 1960 einen der beliebtesten Speisefische, den Nilbarsch, im Viktoriasee ausgesetzt. Wie so oft – wenn der Mensch erst handelt und dann denkt – hatte diese Faunafälschung schlimme Folgen. Der Nilbarsch als riesiger, bis zu zwei Meter langer Raubfisch dezimierte viele der anderen sehr begehrten Speisefische, vor allem die Tilapien, das sind bis zu dreißig Zentimeter lange Afrika-Buntbarsche, die in jedem Hotel in Afrika auf dem Speisezettel stehen. Er reduzierte auch jene Tierarten, die sich von Wasserschnecken ernähren. Das Ansteigen der Bestände an Wasserschnecken hatte eine weitere unerwartete Folge. Diese sind Zwischenwirte der gefährlichen Bilharziosewürmer, die als Parasiten die für den Menschen lebensgefährliche Krankheit Bilharziose bewirken. Die Schnecken konnten sich so vermehrt ausbreiten und machen auch heute noch das Baden in weiten Teilen des Sees unmöglich.

Nicht genug damit, hat der Mensch im Viktoriasee auch noch die Krokodile ausgerottet. Dadurch vermehrten sich die Lungenfische stellenweise erheblich. Das war wiederum verhängnisvoll, weil Lungenfische den Laich der Tilapien und anderer Speisefische fressen, wodurch deren Bestände noch weiter dezimiert wurden. Das bescherte nun den Fischern am Viktoriasee immer schlechtere Fangergebnisse.

Nur wer eine männliche Schwarzbauchtrappe von vorn sieht, versteht, wie sie zu ihrem Namen gekommen ist.

Die verschiedenen Völker an den Ufern des Viktoriasees fischen mit den unterschiedlichsten Mitteln, die sogar innerhalb einer Dorfgemeinschaft voneinander abweichen. Das alte, mit Paddeln gesteuerte Kanu wird immer mehr durch große Bootstypen mit Außenbordmotoren ersetzt. Statt der früheren, leicht zerreißbaren Netze aus Naturfasern, die in mühseliger Arbeit häufig geflickt werden mußten, sind heute Netze aus Kunstfasern im Vormarsch. Motoren und Kunstfasern haben zwar den Fangertrag gesteigert, aber die Fischbestände reduziert. Neuerdings ist das Trawling als Fangmethode häufiger geworden. Dabei werden Netze über den Grund geschleppt, was zu einer weiteren Verminderung des Fischbestandes führt. Seitens der Regierung wird nun diskutiert, die Fangmethoden zu reglementieren und Fangquoten einzuführen, um eine nie wiedergutzumachende Überfischung zu verhindern.

▪ Als Besonderheit liegt im Südwesten des Sees die Insel *Rubondo*, die zum Nationalpark erklärt worden ist. Ursprünglich war die Insel mit Miombowaldland bedeckt. Auf den Grasflächen wurde etwas Landwirtschaft betrieben, an den Ufern finden wir ausgedehnte Papyrussümpfe. Ein Teil der dort lebenden Tiere ist erst später eingeführt worden, war hier also ursprünglich gar nicht zu Hause. So sind hier zum Beispiel Schimpansen freigelassen worden, die vorher in Zoologischen Gärten lebten. Elefanten, Pferdeantilopen, Giraffen und Spitzmaulnashörner sind ebenfalls hier ausgesetzt worden. Alle diese Arten sind ansässig geworden, ohne die einheimische Tierwelt wie Buschböcke, Meerkatzen und Flußpferde – um nur einige zu nennen – zu stören. Die größte Attraktion der Insel sind Sitatungas, das sind Sumpfantilopen, die bei Gefahr ins Wasser fliehen und durch sehr breite, spreizbare Hufe besonders gut an das Leben im Sumpf angepaßt sind.

An den Ufern des Viktoriasees leben in der Gegend um Musoma nilotische Luo, ein mit dem Fischfang traditionell sehr erfolgreiches Volk, das vor allem in Kenia beheimatet ist. In der Gegend um Mwanza im Shinyangadistrikt leben die Wasukuma, Tansanias größtes Volk. Diese sind ungewöhnlich musikalische und musikliebende Menschen, Tanz und Musik sind bei ihnen zu Hause. Selbst die Feldarbeit wird von Gesängen und Trommelklängen begleitet. Die Wasukuma wurden unter der deutschen Kolonialverwaltung angehalten, Rinder zu züchten, und waren darin sehr erfolgreich. Zwar ist im Süden ihres Bereiches das Land nicht so fruchtbar wie in den seenahen Regionen, aber im kürzeren Gras des Sukumalandes gibt es weniger Zecken und dadurch auch weniger von diesen Parasiten übertragene Rinderkrankheiten. Im Gegensatz zu den nilotischen Viehhaltern teilen die Wasukuma ihre Weidegebiete in Sektionen ein, die alle ein oder zwei Jahre nicht begrast werden und sich dadurch sehr gut erholen können. Vor der deutschen Kolonialzeit waren sie gute Maisbauern und haben auch Süßkartoffeln angebaut. Sie tun dies bis zum heutigen Tag.

Im Zentralsukumaland haben die Bauern eine besondere Form des Ackerbaus entwickelt. Sie häufeln im Abstand von eineinhalb Metern das Erdreich zu beetartigen Reihen auf, ähnlich wie bei uns der Spargelanbau betrieben wird. In neuerer Zeit sind sie dazu übergegangen, in die so entstandenen Gräben alle paar Meter eine Querhäufelung zu bringen. Das hält in Trockenzeiten das Wasser und begünstigt den hier betriebenen Baumwollanbau. Gepflanzt wird auf der Höhe solcher Beete. Der Erfolg dieser Anbaumethode beruht vor allem darauf, daß jedes Jahr das Land wie in Europa mit dem Pflug tief durchgearbeitet wird. Aber auch der Fischfang wird von den Wasukuma betrieben. Sie sind somit ein vielseitiges, ökonomisch erfolgreiches Volk.

Die südlichen Nachbarn der Wasukuma sind die bereits zum großen Teil auf dem Zentralplateau lebenden Nyamwezi. Zwischen beiden Völkern hat es früher oft Kriege gegeben. Von Norden kommende nilotische Chiefs haben dann die beiden Völker vereinigt und dabei Herrscherrollen übernommen. Jetzt leben beide Völker friedlich miteinander, die Nyamwezi haben auf vielen Gebieten ähnliche Anbautechniken wie die Wasukuma.

▪ Wenn irgendein Platz unserer Erde das Gefühl endloser Weite vermitteln kann, dann ist das die *Serengeti*. Sie rückt Dimensionen zurecht. Sie zeigt uns den Maßstab unserer Erde im Verhältnis zur Menschheit. Himmel, Gras und Weite sind hier jenseits aller Sinneseindrücke nur mit der Seele erfaßbar. Man kann sich diesem Dreiklang nicht entziehen. Die Serengeti ist damit aber kein ruhender Akkord, sondern eine kraftvolle Symphonie mit einer Fülle von Melodien in ständigem Fluß und mit unendlich vielen Variationen. Die Serengeti ist behäbig, statisch und alt, zugleich lebhaft, dynamisch und jung. Sie verkörpert das Gestern, Heute und Morgen.

Gemessen an seinem Gehörn ist dieser Wasserbock jetzt in dem Alter, ein eigenes Territorium zu erwerben und gegen männliche Artgenossen zu verteidigen. Hier wartet er auf Weibchen, mit denen er sich paaren kann.

Wenn wir von einer sanften Bodenerhebung – ob im Norden, Süden, Westen, Osten oder im Zentrum der Serengeti – in die weite Runde blicken, müssen wir zumindest hier und heute Zeit und Raum neu definieren. Zeit und Raum sind hier unauflösbar miteinander verwoben. Wenn wir mit dem Fahrzeug den Raum bis zu einem beliebigen Punkt am Horizont überbrückt haben, ist am neuen Ort alles genauso wie dort, von wo wir vor ein bis zwei Stunden aufgebrochen sind. Wir haben beides durchmessen, Zeit und Raum, und sind dennoch nicht weitergekommen, weder in der Zeit, noch im Raum. Gleichzeitig glauben wir, beides bewältigt zu haben.

Der Himmel mag tiefblau strahlen oder aus regenschweren Wolken Wasser spenden. Das Gras mag staubgrau und stumpf, bis auf die Narbe abgeweidet und niedergetrampelt, auf den Regen warten. Es kann sich saftiggrün sanft im Winde wiegen oder vor einem fernen Horizont golden flimmern. Diese Elemente, Himmel und Gras, werden immer wieder anders und stets neu komponiert. Und immer wieder kommt die Serengeti, die unverwechselbare Serengeti, dabei heraus, ob in glühender Hitze oder in regenfeuchter Kühle.

Da gibt es Weißbartgnus. Sie sind Eigner der Serengeti. Das Gras wächst für die Gnus, und es wächst durch die Gnus. Die wechselseitige Abhängigkeit von Tier und Pflanze läßt sich nicht deutlicher darstellen als gerade in dieser Verbindung. Die Gnus brauchen das Gras zum Leben, und das Gras braucht die Gnus.

Gnus finden im Gras Nahrung und damit Energie. Gras wächst besser, wenn es beweidet wird, es benötigt zum Wachsen trampelnde Hufe, so wie der Rasen Schnitt und Walze braucht. Mit Tausenden von Tonnen ihres natürlichen Düngers stabilisieren die Gnus und mit ihnen die anderen Großtiere ein natürliches Gleichgewicht. Das ist ein gigantisches Recycling der Mineralien und Spurenelemente, die aus den Körpern der Gnus stammen und die der Boden zurückerhält, damit das Gras in der nächsten Wachstumsperiode keinen Mangel leidet. Pillendreher – man versteht hier, warum sie zu den Mistkäfern gerechnet werden – und andere Insekten spielen ihren Part dabei, indem sie den Kot der Pflanzenfresser gleichmäßig über das weite Land verteilen. So haben beide, Gnus und Gras, Tier und Pflanze, in ihrer viele Millionen Jahre langen Entwicklungsgeschichte einander wechselseitig zu dem werden lassen, was sie heute sind und bleiben werden, wenn wir es ihnen nicht unmöglich machen.

Die Gnus stehen hier nur beispielhaft für alle Pflanzenfresser der Serengeti, die artenreiche Schar der übrigen Hornträger und die Zebras. Auch die Pillendreher sind nur exemplarisch erwähnt. Vögel und Bakterien sind an der Verbreitung des Kotes und seiner Aufschließung in für das Pflanzenwachstum wichtige Bestandteile beteiligt. Auch die Reste toter Tiere werden dem Leben wieder zugeführt, durch die Därme der Fleischfresser, durch Insekten und deren Maden, durch Würmer und Bakterien.

Sogar die Hörner der Antilopen werden von den Larven einer Mottenart zerstört und so verwertet. Hyänen können selbst sehr alte, in der Sonne gebleichte Knochen als Nahrung nutzen. So findet alles seinen Platz im ewigen Kreislauf.

Das große Spektakel der Serengeti sind die jährlichen Wanderungen. Nur wenige Tierarten auf unserer immer mehr vom Menschen beanspruchten Erde haben noch die Möglichkeit, ihre traditionellen, zum Überleben notwendigen Wanderungen auszuführen: einzelne Schmetterlingsarten, einige Fische, ein paar letzte Wale in den Ozeanen, Eisbären, Rentiere und Karibus im arktischen Norden, Weißohr-Moorantilopen im Sudan und Springböcke in der Kalahari. Den vielen anderen Wanderern hat sich der Mensch in den Weg gestellt, weil er Raum beansprucht und in den Tieren Konkurrenten für seine Landnutzung sieht. Selbst die Zugvögel bringen jährlich Opfer von vielen Millionen auf dem Zug von Norden nach Süden und zurück. In der Serengeti können die gigantischen Herden noch leidlich ungehindert den Jahreszyklus ihrer Wanderungen vollziehen, auch wenn sie zu manchen Zeiten und an manchen Stellen die Grenzen des Nationalparks und der angrenzenden Schutzgebiete verlassen müssen. Diese Grenzen hat der Mensch gesteckt, sie stimmen nicht mit den Bedürfnissen der Tiere überein.

1,4 Millionen Gnus, 300 000 Zebras und mehrere hunderttausend Gazellen sind das ganze Jahr über unterwegs. In den östlichen Teilen der Serengeti wächst auf den dortigen Kurzgrassteppen das schmackhafteste Gras. Wenn dieses Kurzgras wenige Wochen nach dem Aufsprießen abgeweidet ist, formieren sich die Riesenherden zu gewaltigen Marschkolonnen. Sie beginnen keine ziellose Suche, sondern beschreiten traditionell bekannte Routen, um zu neuer Nahrung zu gelangen. Im Westen der Serengeti, im sogenannten Korridor, fällt mehr Regen, daher wächst dort mehr Gras.

Dasselbe gilt für die nördlichen, teilweise buschbedeckten Teile des Nationalparks und die angrenzenden Partien im südlichen Kenia im Masai-Mara-Reservat und seiner Umgebung. Die Wanderwege

Tüpfelhyänen erbeuten häufig geradezu im Vorübergehen abliegende Jungtiere von Gazellen. Sie können auch Beute übernehmen, die Schakale oder Geparde geschlagen haben. Sie sind jedoch darüber hinaus ausgezeichnete Verfolgungsjäger.

sind nicht Jahr für Jahr dieselben. Auch die Zeitpunkte, zu denen die Wanderungen einsetzen oder an denen die Tiere bestimmte Plätze erreichen, wechseln. Nur eins wiederholt sich: Die Wanderung selbst, die nach etwa einem Jahr wieder die Savannen mit dem schmackhaftesten Gras in der östlichen Serengeti erreicht. An den Stellen, die von der Wanderung nur gestreift werden, wächst durch stärkeren Niederschlag mehr Gras, aber es sind andere, von den Wanderherden weniger bevorzugte Gräser als im Osten.

Vorweg ziehen – in aller Regel – die Zebras. Als Nicht-Wiederkäuer fressen sie ein Drittel mehr als die übrigen Teilnehmer der Wanderungen. Sie können auch trockeneres, nicht so nährstoffreiches Gras verwerten. Besonders in den Flächen mit dem Langgras ist es gut, wenn die Zebras die trockenen Stengel abweiden und für die nachfolgenden Gnus die eiweißreicheren, kürzeren, grünen Gräser mit den nachwachsenden jungen Trieben freilegen. Wenn dann die Gnus ihren Teil abgefressen haben und die Grassavanne sehr kurz ist, kommen als letzte die Thomsongazellen. Sie benötigen als kleinere Tiere viel geringere Mengen an Futter und können deshalb mit dem übrig gebliebenen Gras auskommen. Das Abweiden und Niedertrampeln erzeugt – wie erwähnt – einen Wachstumsreiz und beschert den Gazellen ein eiweißreicheres, mit der Kraft vom letzten Regen noch ein wenig wachsendes Gras.

Oft wird beschrieben, die Wanderungen fänden im Uhrzeigersinn um den Mittelpunkt der Serengeti statt. Ganz grob mag das stimmen, aber es gibt viele Abweichungen. Manchmal marschieren die Wanderherden entgegengesetzt der in der Fachliteratur beschriebenen Richtung. Uns Menschen – nicht den Tieren selbst – fehlt es an Einsicht, warum manchmal alles anders läuft, alles anders laufen muß, als wir glauben, es vorher sagen zu können.

Wenn ein Fluß die Wanderungen behindert, muß er durchquert werden. Koste es, was es wolle. Und es kostet fast immer Opfer. Bei dem blinden, unbewußten Vertrauen gegenüber dem eigenen Trieb, unbedingt dem Vordermann zu folgen, reichen manchmal beim Vorwärtshasten die Kräfte nicht mehr, und ein Tier ertrinkt. Zum Nutzen der Geier und Krokodile, die flußabwärts schon warten. Wenn sich eine Kolonne von einigen tausend Tieren entschlossen hat, den Fluß zu durchqueren, gibt es kein Halten mehr. Eine Marschkolonne wirkt wie ein geschlossener Organismus, jedes Tier mit dem Kopf am Schwanz des Vordermannes. Im Wasser gibt es kein Zurück mehr. Mütter verlieren ihre Kinder, schwimmen nach Erreichen des anderen Ufers, vom Blöken des eigenen Kindes getrieben, zurück. Sie versuchen, die Kälber sofort zu holen, oder sie bleiben bei ihnen, bis die Gefolgschaftstreue, der Gehorsam oder die Kraft ausreichen, den Fluß zu durchqueren. Die Familie ist dann längst weit entfernt, und niemand weiß, ob die Nachzügler ihren Verband wiederfinden werden.

Wer diese urgewaltigen Wanderungen je gesehen hat, wird sie nie vergessen. Sie sind ein Schauspiel, im wahrsten Sinne des Wortes ein Naturschauspiel, das die elementare Kraft sozialer Bindung offenlegt. Unbedingter Gehorsam gegenüber einem angeborenen Imperativ zum Nachfolgen überwindet jedes Streben nach Selbsterhaltung.

Außer den an den Wanderungen beteiligten Tierarten bietet die Serengeti die artenreichste und zahlenmäßig größte geschlossene Tieransammlung unserer Erde. Da gibt es bodenständige, klobige Büffel in Mutter-Kind-Herden von mehreren hundert Tieren. Oder kleine Junggesellengruppen von drei bis zehn uralten und jungen Büffelmännern. Noch schwerer als die Büffel sind die Elenantilopen, Afrikas größte Hornträger. Büffel und Elen sind Nomaden, die ohne System ihren Lebensraum durchwandern.

Das haben sie mit den Giraffen gemeinsam, obwohl diese nur in jenen Teilen der Serengeti nomadisieren, die von Akazien oder anderen Bäumen bestanden sind.

Nahe den kleinen Flüssen, die sich durch die Serengeti schlängeln, sind Wasser-, Ried- und Buschböcke zu Hause. In trockeneren Gebieten leben in lebenslänglicher Einehe Dikdiks als kleinste Antilopen. Einzelgänger wie das etwas größere Steinböckchen kann man auch treffen. Es gab eine Zeit, als im buschigen Gebiet schlechtgelaunt wirkende Nashörner die Fahrzeuge der Touristen attackierten. Ein paar Dutzend Elefanten, Afrikas sanfte graue Riesen, leben in der südlichen, ein paar hundert in der Buschsavanne der nördlichen Serengeti.

Bei so vielen Pflanzenfressern ist es verständlich, daß die Serengeti viele Raubtiere beherbergt. Ein paar hundert Löwen, viele hundert Tüpfelhyänen und einige Dutzend Geparden sind über diese Region verteilt, die so groß ist wie Schleswig-Holstein. Überall sind die drei Schakalarten in kleinen Familien anzutreffen. Wenn die Wanderherden durch das Gebiet der Raubtiere ziehen, haben diese eine fette Zeit. Wenn sie fort sind und gerade keine Nomaden in Reichweite leben, hungern die Raubtiere.

Hunger und Durst – nicht das Gefressenwerden – sind die machtvollen regu-

Siedleragamen sind wie alle Echsen wechselwarmblütig. Um ihre Körpertemperatur zu erhöhen, legen sie sich gern auf die von der Sonne erwärmten Felsen. Das rötlich gefärbte Tier ist ein Männchen.

lierenden Einflüsse auf die Bestandsgrößen aller Tierarten. Menge und Verfügbarkeit von Nahrung und Tränke sind die entscheidenden Instrumente, mit denen das Gleichgewicht in der Natur bewahrt wird. Das gilt für Pflanzenfresser wie für die von diesen lebenden Fleischfresser.

Die Serengeti war einst das beste Gebiet für die Beobachtung von Leoparden. Die gefleckten Großkatzen sind Überlebenskünstler, gehören zu den anpassungsfähigsten Großsäugern der Erde und finden immer Beute. Notfalls nehmen sie auch mit Kleinzeug vorlieb. Die Bestände der Afrikanischen Wildhunde sind auf ein paar Handvoll zusammengeschrumpft. Zunächst hat der Mensch sie gnadenlos verfolgt, nun fordern ansteckende Tierseuchen unter ihnen viele Opfer.

Die größeren Flüsse wie der Grumeti sind Heimat beachtlicher Flußpferdbestände und vieler Krokodile, die zu den größten in Afrika gehören. An den Flußufern trifft man auf eine beträchtliche Artenzahl von Wasservögeln.

Die Vogelwelt ist im übrigen bunt und äußerst vielfältig. Da der Norden der Serengeti und ein Teil des Westens aus Buschland mit kleinen Wasserläufen und Sodaseen besteht, ist die Artenzahl in diesen unterschiedlichen Lebensräumen groß.

Überall in der Serengeti stehen Inselberge, die auch Kopjes genannt werden. Diese Felsbrocken aus Urgestein sind infolge ihrer Härte widerstandsfähig gegen Witterungseinflüsse und aus uralten Zeiten stehengeblieben, während Wind und Regen das umliegende weichere Material abgetragen haben. Der Wechsel von glühender Sonnenhitze mit manchmal eiskaltem Regen hat manche Felsbrocken gesprengt und ihnen eine bizarre Form gegeben. Auf jedem Inselberg und in seiner Umgebung stehen Büsche und Bäume. Damit sind die Kopjes geographische Felseninseln, die günstige Lebensbedingungen bieten für manche Tierart, die Höhlen und Schatten braucht, wie Klipp- und Baumschliefer, Dikdiks und Klippspringer, aber auch Löffelhunde und Servale, Mangusten und Schlangen.

»Serengeti darf nicht sterben!«, war Bernhard Grzimeks Mahnruf an die Welt. Die Menschheit hat ihn verstanden. Doch seine Gültigkeit reicht weit über die Serengeti, Tansania und Afrika hinaus. Grzimeks Appell zu bejahen und als Verallgemeinerung für die ganze Erde zu begreifen, ist nur die eine Seite. Die andere ist die Unfähigkeit des Menschen, nach Einsichten zu handeln. Die Bewohner der reichen Länder sind nicht bereit, Opfer zu bringen, deren Nutzen nicht sofort zu Buche schlägt. Das Leben ginge schließlich auch ohne Gnus, Elefanten, Kraniche und Schmetterlinge, ohne Regenwälder, Sümpfe und Grassavannen weiter. Zumindest für ein paar Generationen. Das ist die allgemeine Ansicht weiter Kreise. Wozu also in die Natur investieren? Es dient nicht der eigenen schnellen Prosperität, und die ist vielen mehr wert als die Verwirklichung von zeitaufwendigen und kostspieligen Ideen, die einer langfristigen Verbesserung dienen.

Für die Afrikaner in Tansania ist Naturbewahrung ein hohes Ziel, ganz im Einklang mit ihrer intimen Einbindung in die Natur. Ihnen muß man die Bedeutung der Naturbewahrung nicht mühsam in ökonomischen Dimensionen klar machen wie uns Europäern. Ihre Großeltern leben noch heute in Dörfern und damit der Natur näher als viele unserer Vorfahren der letzten Generationen. Aber die Afrikaner sind es, die vor Ort Land brauchen. Land für ihr Vieh, Land für ihre Siedlungen, Land für die wachsende Schar ihrer Kinder. Dieser Konflikt ist schwer zu lösen. Tansania kann ihn nicht allein bewältigen, es braucht Hilfe.

■ Die *Olduvaischlucht* liegt am Wege zwischen dem Kraterhochland und der Serengeti. Ein Abstecher dorthin lohnt sich. Die Gemütsbewegung an diesem Ort ist für uns immer unbeschreiblich groß. Ob aus der Serengeti oder dem Ngorongorokrater kommend, ist das Herz noch voll von den Begegnungen mit den Tieren. In diesem Schutzgebiet werden Reste einer einst den gesamten Kontinent bevölkernden mannigfaltigen Tierwelt in einer großartigen Vegetation geschützt. Geschützt vor dem Menschen. Vor uns Menschen. Mit welchem Recht maßen wir uns an, die Erde so tiefgreifend zu verändern, daß Zerstörung der Natur, Vernichtung der Arten mit ihren und unseren Lebensräumen eine Spur des Grauens zurücklassen? Diese Frage stellt man sich, wenn man bei der Ausfahrt aus dem Krater auf halber Höhe noch einmal in den paradiesischen Ngorongoro schaut oder von den Gol Kopjes aus Blicke in die Runde des wogenden Grases mit den ungezählten Gnus wirft, die sich als Punkte am Horizont verlieren.

Hier an der Olduvai Gorge können wir gedanklich ein wenig Licht in das Dunkel des Weges bringen, der von unseren tierischen Vorfahren zum heutigen Menschen geführt hat. Wenn auch hier in Olduvai nicht die frühesten Funde vom Menschen gemacht wurden, so sind doch wichtige Meilensteine unseres Weges vom Tier zum Menschen sicht- und faßbar. Olduvai ist eine Nahtstelle zwischen

Am Rande des Ngorongorokraters wurde Bernhard Grzimek neben seinem tödlich verunglückten Sohn Michael beigesetzt. Beide erwarben sich große Verdienste um die Bewahrung der Natur, besonders in Tansania.

Der Gepard, das schnellste Landsäugetier der Erde, rührt als Nahrung nur frisches, unmittelbar vor dem Verzehr von ihm selbst geschlagenes Fleisch an.

vorgestern, gestern und heute. Graue Knochenstückchen mit Rekonstruktionen aus Plastik sind hier im Museum zu Oberschenkeln, Schädeln oder Unterkiefern zusammengesetzt und geben ein anschauliches Bild unserer Vorfahren. Wir selbst sind lebende Zeugen, daß diese durch alle Generationen erfolgreich waren. Jeder einzelne unserer Ahnen muß ungeheuer lebenstüchtig gewesen sein. Klimakatastrophen, Freßfeinde, Rivalen, Krankheiten und Seuchen hat zumindest eine oder einer in jeder Generation unserer Ahnen erfolgreich bewältigt. Und jede oder jeder einzelne muß auch sexuell so attraktiv gewesen sein, einen Partner zu finden und zumindest einen unserer Vorfahren aus der direkten Linie zu zeugen, zu erziehen und lebenstüchtig zu machen.

Ein Führer erläutert im Museum in wenigen Minuten die wichtigsten Stationen der Menschwerdung anhand der Ausstellungsstücke. Man fährt an die Stelle, die Mary Leakey berühmt gemacht hat. Hier hat sie 1955 große Teile des Schädels eines unmittelbaren Vorfahren des Homo sapiens gefunden, der nach sorgfältigen Schätzungen vor etwa 1,8 Millionen Jahren lebte. Ihr Mann, der Anthropologe Louis Leakey, nannte ihn vorsichtigerweise Zinjanthropus bosei, was soviel wie ›Ostafrikamensch‹ heißt. Inzwischen wissen wir, daß er schon unsere Gattungsbezeichnung Homo verdient. Wie er ausgesehen und wie er wohl hier unten in der Schlucht in kleinen Horden gelebt hat, zeigen uns Rekonstruktionen und Zeichnungen im Museum. Er hatte sich schon aufgerichtet, ging auf zwei Beinen und hatte beide Hände zum Anfassen und Arbeiten frei. Das belegen die ebenfalls von Mary Leakey ganz in der Nähe bei Laetoli gefundenen Fußspuren aus derselben prähistorischen Zeit. Das Gehirn dieses Frühmenschen hatte mit Sicherheit ein größeres Volumen als das unserer nächsten Verwandten, der Menschenaffen.

Zumindest ebenso eindrucksvoll wie die Betrachtung der Schaubilder und Knochen der ersten Menschen und einiger mit ihnen zeitgleich lebender Tiere ist die Möglichkeit, ihr Werkzeug in die Hand zu nehmen. Solch ein Faustkeil – ein gefährliches Instrument – liegt wuchtig und schwer in der Hand. Es sind auch Waffen ausgestellt. Mit ihnen konnten unsere Vorfahren die ersten Tiere töten. Wenn auch unser Gebiß, unser Magen-Darm-Kanal und unser biochemisches System unmißverständlich auf einen hohen Anteil an pflanzlicher Nahrung hinweisen, gehörte Fleisch zum festen Bestandteil menschlicher Nahrung. Es sind Pfeilspitzen aus Knochen ausgestellt, mit denen ein Huftier getötet werden konnte, bevor es nach Hause gebracht, zerlegt, verteilt und in kleinen Stücken über dem offenen Feuer gebraten wurde.

Es waren aber nicht Pfeilspitzen und Jagdwaffen, mit denen die Tierwelt im Ngorongorokrater und anderswo so dezimiert wurde, daß sie vor dem Menschen geschützt werden muß. Vielmehr ist es das Streben nach Raum für unsere rapide gewachsene Menschheit, die den Tieren den Lebensraum streitig macht.

Den Erfolg unserer Vermehrung bis zu der jetzigen Situation einer Bevölkerungslawine verdanken wir jenem Gehirn, das die großen Hirnschalen, die uns die Schädel und Schädelmodelle in Olduvai zeigen, ausfüllte.

Dieses Hirn ermöglichte es dem Menschen, sich die Erde so kompromißlos untertan zu machen, wie es heute überall in der Welt deutlich ist. In die Ehrfurcht, in Olduvai unserer Ahnen von vor Millionen Jahren zu gedenken, mischt sich ein Schauder. Wir erschrecken über uns selbst. Aber gerade weil wir aus den Schutzgebieten kommen und deren Effektivität vor Augen hatten, gewinnen wir ein wenig Hoffnung und Vertrauen in die Vernunft unserer Art. Bevölkerungsexplosion, Müllinfarkt, der Kontrolle entgleitende Atomenergie, Völkermord, Verkehrschaos und Naturverwüstung müssen nicht das Ende bedeuten.

Ein Dreifarbenglanzstar am Parkplatz vor dem kleinen Museum, ein souverän in der Höhe segelnder Gaukler und eine durch den Staub in die Schlucht flüchtende Herde Thomsongazellen rufen uns in die Realität zurück. Unsere Nachdenklichkeit wird jäh unterbrochen, als wir fast aus der Schlucht heraus sind und ein Löwenrudel sehen, das – vollständig angewiesen auf Fleischnahrung – ein Gnu reißt.

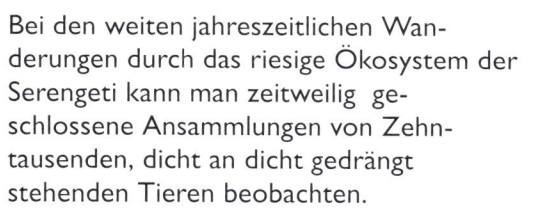

Bei den weiten jahreszeitlichen Wanderungen durch das riesige Ökosystem der Serengeti kann man zeitweilig geschlossene Ansammlungen von Zehntausenden, dicht an dicht gedrängt stehenden Tieren beobachten.

In endlosen Kolonnen ziehen die Weißbartgnus in zügigem Schritt durch die Serengeti zu neuen Weidegründen. Ein Tier schreitet hinter dem anderen und ist bestrebt, den Kontakt nicht zu verlieren.

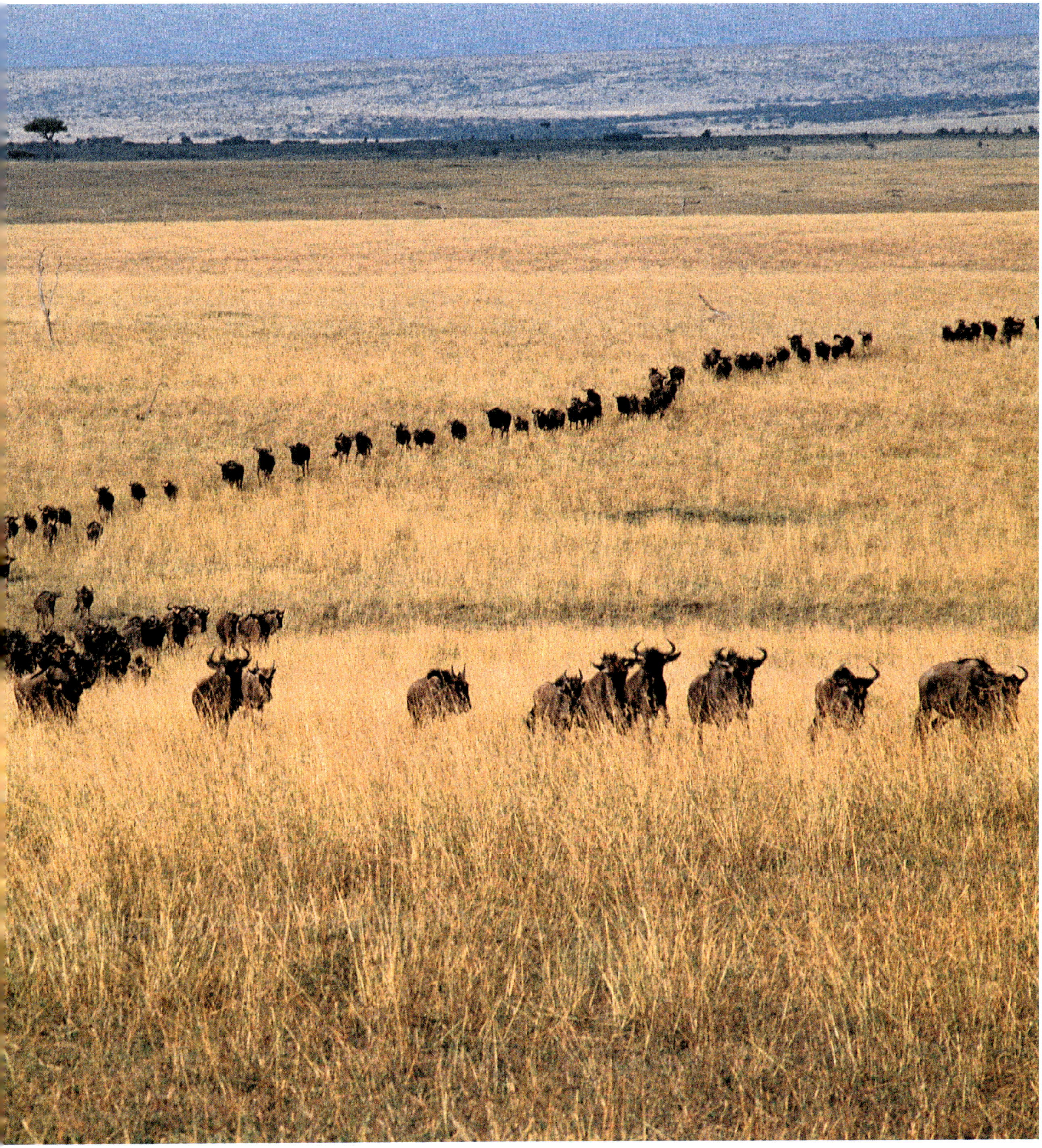

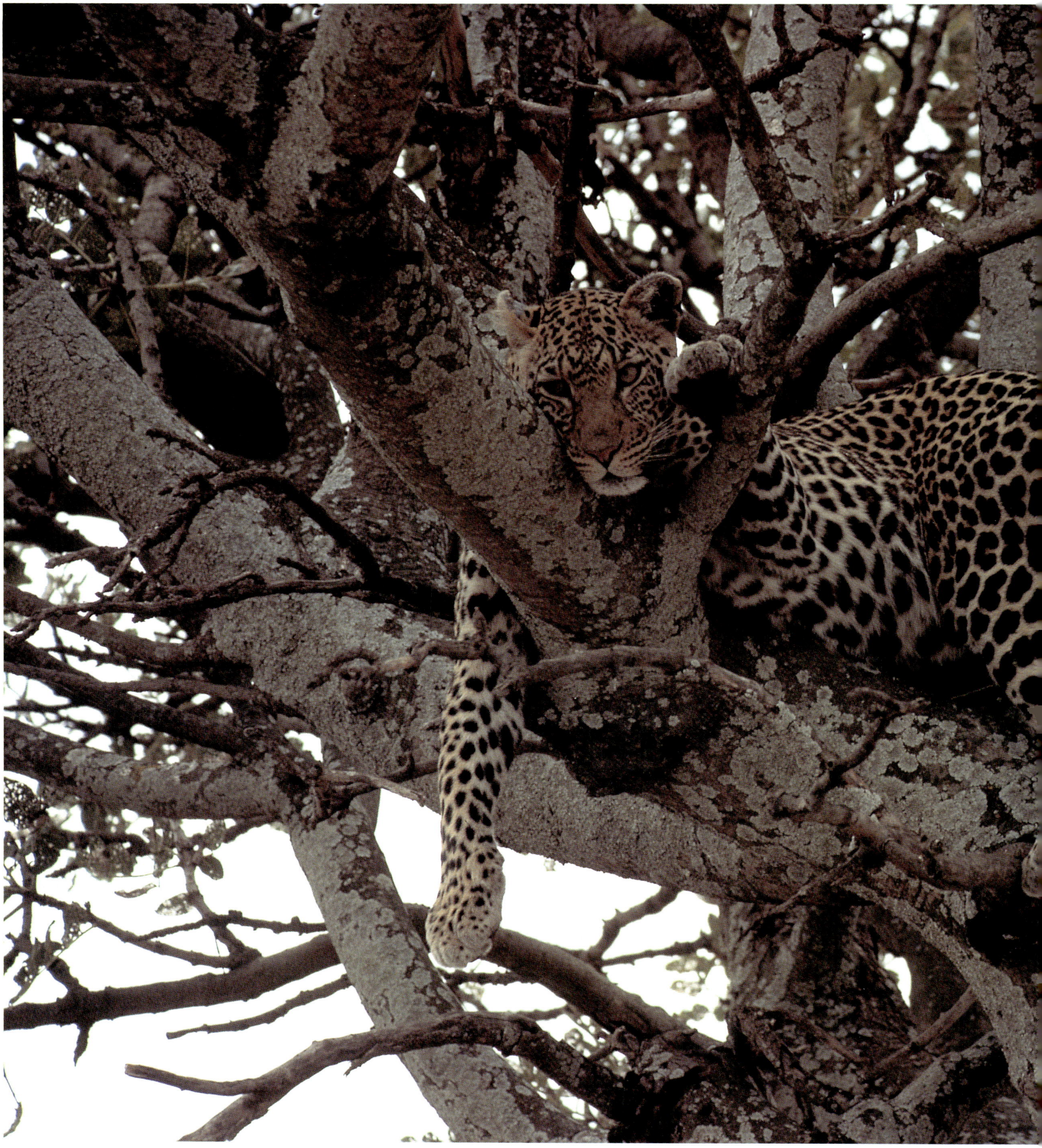

Die Begegnung mit Leoparden gehört immer wieder zu den Höhepunkten einer Afrikasafari. Diese ungemein eleganten und kraftvollen, in ihrer Lebensweise anpassungsfähigen Großkatzen verbringen vielerorts den Tag dösend oder schlafend im schattigen Geäst von Bäumen.

Furchtlos und selbstbewußt blickt dieser Leopard von der luftigen Höhe seines Ruhebaumes in die Kamera. Sein Blick drückt den Anspruch aus, als gleichberechtigtes Geschöpf auf dieser Erde nicht von uns Menschen ausgerottet zu werden.

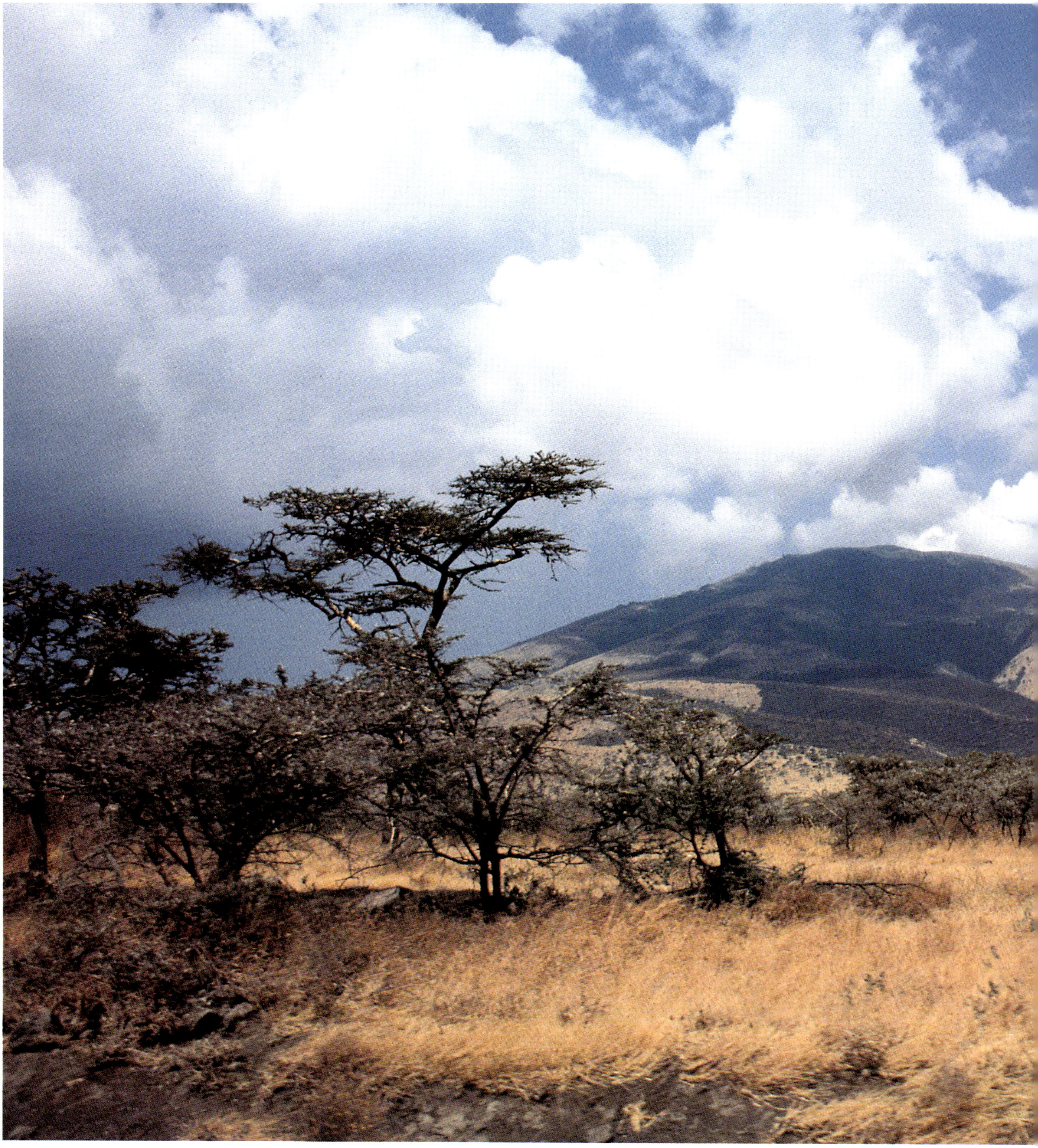

Knorrige, als Bäume oder als Büsche wachsende Akazien in goldbraunem Gras sind typisch für viele afrikanische Savannen. Wenn dahinter sanfte, von Tälern durchzogene Berge stehen und alles von einem blauen Himmel mit weißen Wolken überwölbt wird, ist das ein Bild, das man nie vergißt.

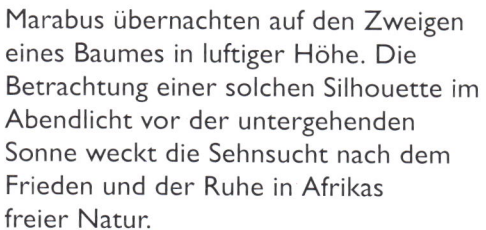

Marabus übernachten auf den Zweigen eines Baumes in luftiger Höhe. Die Betrachtung einer solchen Silhouette im Abendlicht vor der untergehenden Sonne weckt die Sehnsucht nach dem Frieden und der Ruhe in Afrikas freier Natur.

Die Abenddämmerung im tropischen Afrika währt nur kurz. In wenigen Minuten verändern sich die Farben von Violett über Purpur bis zu blassem Rosa. Zu diesen Pastellfarben bilden die dunklen Silhouetten der Schirmakazien einen geradezu kontrapunktischen Kontrast.

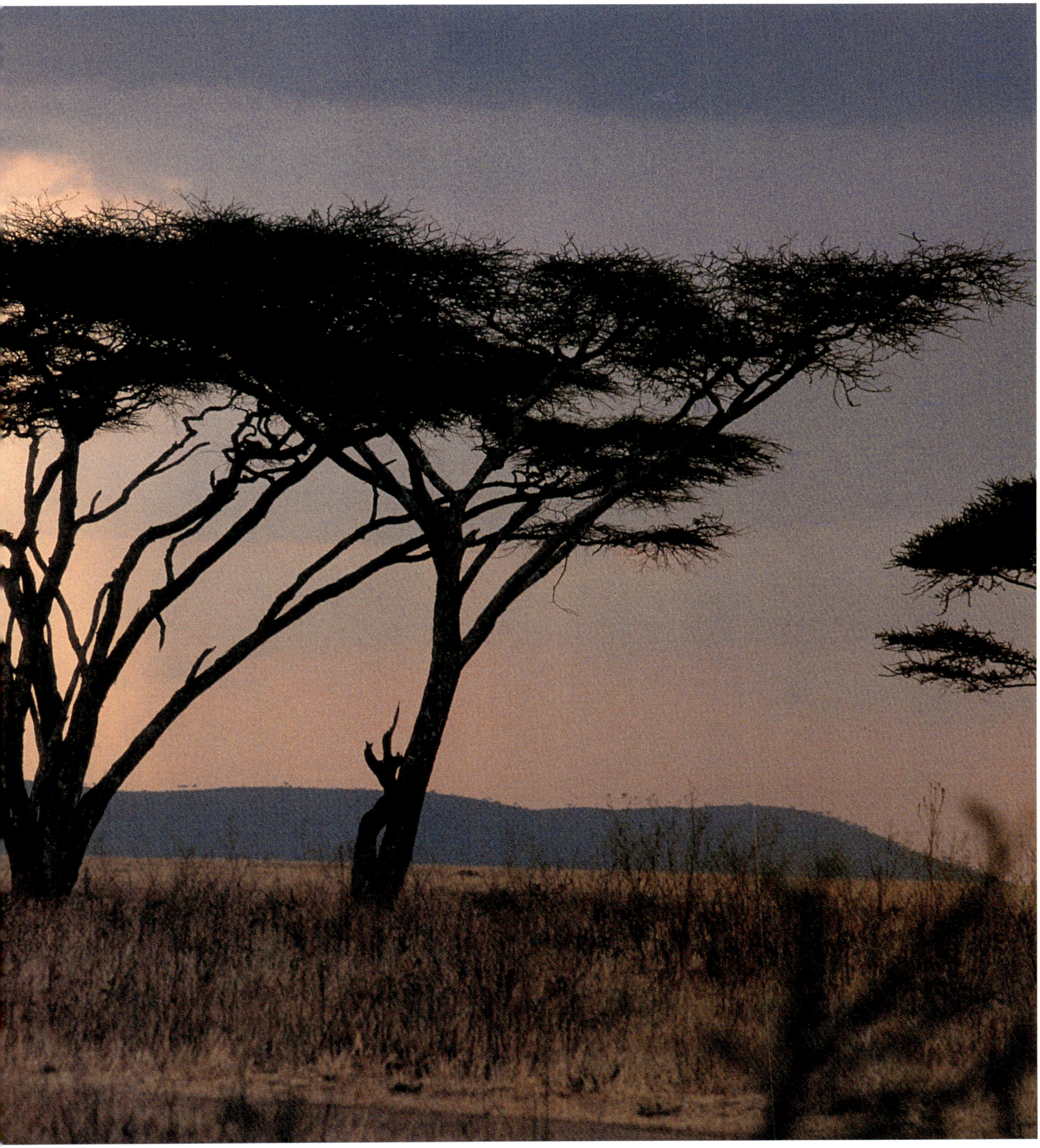

Die unordentlich gebauten Nester des weitverbreiteten Mahalis – einer Webervogelart – hängen in vielen Ästen der Bäume der Savanne. Die gerade eben fertiggestellten Nester künden an, daß die Regenzeit nicht mehr fern ist.

Der im Sonnenlicht schillernde, stimmfreudige Dreifarbenglanzstar zeigt gegenüber dem Menschen oft wenig Scheu. Er ist in allen Trockensavannen zu Hause.

Um einen günstigen Sitzplatz zur Rast oder zur nächtlichen Ruhe gibt es unter Marabus häufig Streit, in dem einer den anderen immer wieder zum Auffliegen veranlaßt.

Obwohl das Rosa an der Nase diesen prächtigen Mähnenlöwen als noch nicht sehr alt ausweist, hat er – die Narben am linken Ohr beweisen es – schon manch eine Auseinandersetzung mit Artgenossen hinter sich gebracht.

Bei Büffelbullen sind die mächtigen Hörner in der Mitte zu einer dicken Hornplatte zusammengewachsen, dem sogenannten Helm. Alte Büffel sind entweder Einzelgänger oder leben in kleinen Bullengruppen.

Giraffen bevorzugen als Nahrung Akazienblätter. Mit ihrer langen, beweglichen Zunge holen sie sich diese zwischen den oft mehr als fingerlangen Dornen der Zweige heraus.

Die Olduvaischlucht ist durch die Ausgrabungen von Mary und Louis Leakey weltberühmt geworden. Sie fanden hier 1956 den Schädel des Zinjanthropus bosei, eines Frühmenschen, der vor etwa zweieinhalb Millionen Jahren in dieser Gegend gelebt hat.

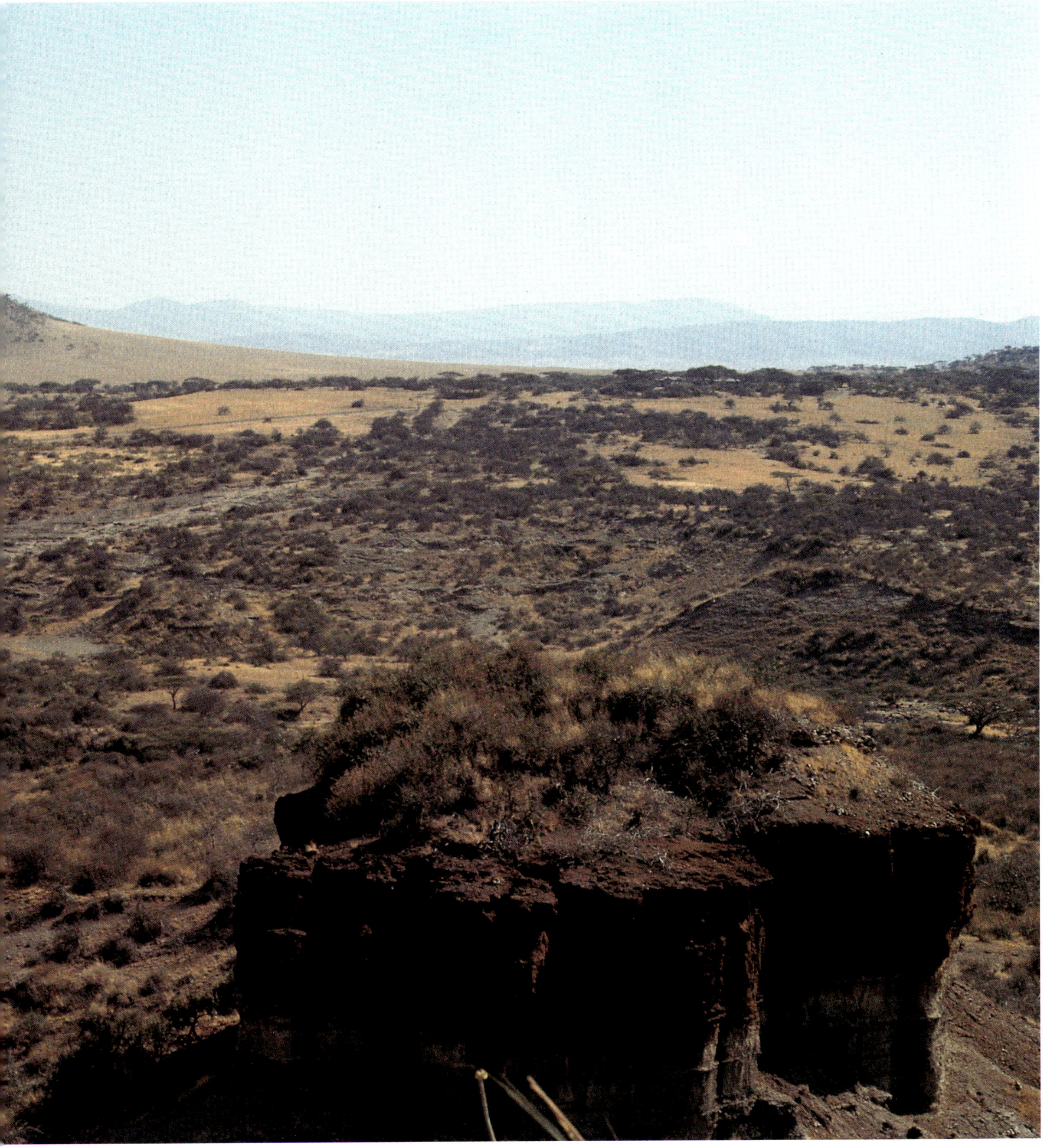

U G A N D A
50 100 150 200 250 km
Viktoriasee
K E N I A
Bukoba
Musoma
RWANDA
RUBONDO N. P.
Mwanza
SERENGETI NATIONAL PARK
Natronsee
Oldoinyo Lengai 2878
BURUNDI
Kilimanjaro 5895
Ngorongoro Krater
Meru 4630
ARUSHA N. P.
Arusha
Moshi
Eyasisee
Shinyanga
MANYARA N. P.
Manyarasee
TARANGIRE NATIONALPARK
GOMBE N. P.
Kigoma
Malagarasi
Singida
Tabora
Tanga
PEMBA
Pangani
Tanganyikasee
T A N S A N I A
Dodoma
Sansibar-Stadt
SANSIBAR
Bagamoyo
KATAVI NATIONALPARK
Dar-es-Salaam
MIKUMI N. P.
Mikumi
RUAHA NATIONAL PARK
Iringa
Gr. Ruaha
Rukwasee
ZAIRE
Sumbawanga
Gr. Ruaha
Rufiji
MAFIA
Kl. Ruaha
Rufiji
SELOUS NATIONAL PARK
Kilwa Kivinje
Mbeya
Njombe
INDISCHER OZEAN
Lindi
S A M B I A
MALAWI
Malawisee
Mtwara
Songea
M O S A M B I K